Das Leben auf Eiderstedt,
wie es früher war

AF192000

Günter Spurgat

Das Leben auf
Eiderstedt
wie es früher war

Die Deutsche Nationalbibliothek verzeichnet diese Publikation in der
Deutschen Nationalbibliografie; detaillierte bibliografische Daten
sind im Internet über <u>dnb.dnb.de</u> abrufbar.

Verlag:
BoD · Books on Demand GmbH, In de Tarpen 42,
22848 Norderstedt
Druck:
Libri Plureos GmbH, Friedensallee 273, 22763 Hamburg

ISBN: 978-3-7693-1686-5

Printed in Germany

MIX
Papier aus verantwortungsvollen Quellen
Paper from responsible sources
FSC® C105338
FSC
www.fsc.org

Inhalt

Vorwort

Für uns Kinder bestand die Welt nur aus unserem Ort, dem unweit von Husum gelegenen Geestdorf Ostenfeld. Unser Leben spielte sich Mitte der 1950er Jahre ausschließlich in ihm ab; es erschien uns riesig und gab uns genug Raum für unsere Erkundungen und Spiele.

Ich war fünf oder sechs Jahre alt, als ein neuer Pastor mit seiner Familie nach Ostenfeld kam. Ihm verdanke ich ein Kindheitserlebnis, das mir bis heute unvergesslich ist. Er organisierte für uns Kinder an einem Sommertag einen Ausflug nach St. Peter-Ording, ließ uns alle in einen Bus einsteigen, und los ging die Fahrt ans Meer. Allein schon die Reise in diesem Gefährt war aufregend und abenteuerlich. Wir sahen Orte und Landschaften und staunten über die Welt, die es außerhalb unseres Dorfes gab. Als wir aber an unserem Ziel ankamen, unter einem weiten, hohen Himmel barfuß über heißen Sand stapften, das Meer rochen und unsere Füße im seichten Wasser von den Wellen umspülen ließen, waren das unfassbare Eindrücke. Diese Momente meiner Kindheit sind mir bis heute nicht nur in Bildern gegenwärtig. Auch Meeresrauschen und der Geruch würziger Seeluft sind mit ihnen untrennbar verbunden.

Der Halbinsel Eiderstedt blieb ich auch in späteren Jahren verbunden. Ich besuchte zwei Jahre lang die Handelsschule in Tönning, fuhr mit der Bahn von Husum kommend fast täglich durch eine beeindruckende, von mächtigen Haubargen und Kirchtürmen geprägte Landschaft und erlebte sie in wechselnden Stimmungen und Jahreszeiten. Auf Rad- und Wandertouren lernte ich als Erwachsener den besonderen Reiz dieses Landstrichs zu erkennen und zu schätzen.

Es erschien mir wie ein Auftrag, mich eingehender mit dieser Landschaft, seinen Bewohnern, ihrer Geschichte und Kultur zu befassen und darüber ein Buch zu schreiben. Weil Bilder oft mehr aussagen als Worte, ist es mit zahlreichen Gemälden, Zeichnungen, Fotos und Landkarten versehen. Viele dieser Darstellungen stammen aus dem 19. Jahrhundert, Fotografien entstanden überwiegend erst zu Beginn des 20. Jahrhunderts. Daher liegt das Hauptaugenmerk in diesem Buch auf diesen Zeitraum. Ich habe Erzählungen und Tagebuchaufzeichnungen von Zeitgenossen sowie Berichte von Chronisten zusammengetragen, um das frühere Leben auf Eiderstedt beschreiben zu können. Den größten Anteil daran haben Aufsätze und Artikel, die der Heimatforscher und Autor August Geerkens (1874 – 1964) veröffentlicht hat. Er war am Aufbau des Heimatmuseums in Tönning beteiligt und gründete 1913 den Eiderstedter Heimat- und Geschichtsverein, aus dem später der Heimatbund Landschaft Eiderstedt hervorging.

Mit der Herausgabe dieses Buches schließt sich für mich ein Kreis, der sich in meiner Kindheit überraschend und eindrucksvoll öffnete und nun einen Schlusspunkt findet.

Günter Spurgat

Aus Inseln erwachsen

D ie Halbinsel Eiderstedt existiert erst seit gut vierhundert
Jahren. Sie entstand aus mehreren vom Gezeitenstrom
umspülten Inseln – Utholm, Evershop und Eyderstede. Als Einheit mit dem Festland verbunden, wurde sie als *Dreilande*
bezeichnet.

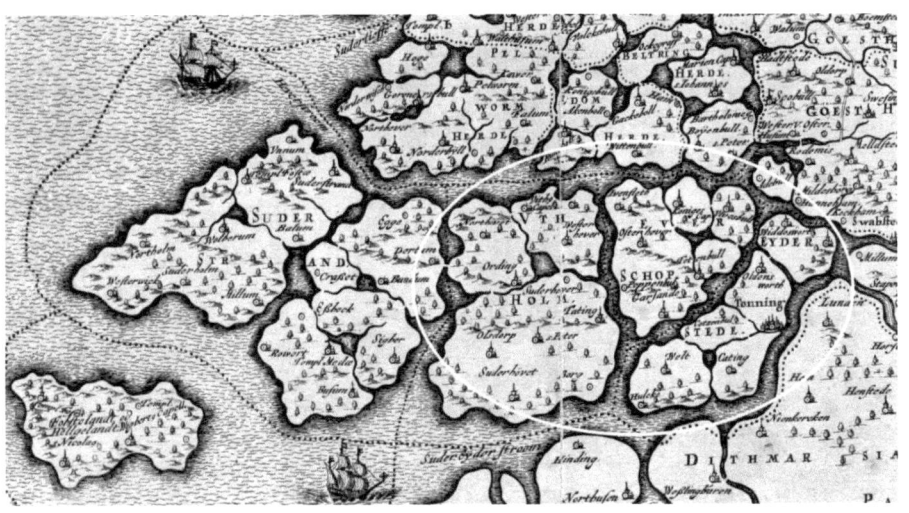

Der Husumer Kartograf Johannes Mejer fertigte 1652 diese Karte an, die die
Küstenformation um 1240 rekonstruierte. Durch Eindeichungen und Landgewinnungsmaßnahmen wuchsen die Inseln Uthholm, Everschop und Eyderstede zu einer Halbinsel. Die westlich von ihr gelegenen Eilande wurden
bis auf Helgoland Opfer der verheerenden Sturmflut von 1362.

Die Inseln sollen zwischen dem 1. und 5. Jahrhundert besiedelt
und danach wieder aufgegeben worden sein. Im 8. Jahrhundert
ließen sich Einwanderer aus Ost- und Westfriesland an den Ufern
von Eyderstede nieder, später im 11. und 12. Jahrhundert auch

auf Uthholm. Wegen ständig drohender Überschwemmungen errichteten sie ihre Behausungen auf vorhandenen Erdhügeln oder schufen Warften durch Aufschüttungen. Auf Everschop und Uthholm fanden sie ursprüngliche Landschaften mit Lehm- und Torfböden vor, ähnlich denen auf den Halligen.

Die *Grote Mandrenke*, die verheerende Flut von 1362, hatte große Landverluste und Verwüstungen auf den Inseln der nordfriesischen Küste verursacht. Durch Eindeichungen gelang es den Inselbewohnern, vom Meer genommenes Land wieder zurückzugewinnen und Utholm und Everschop zu verbinden. Durch intensive Deichbau- und Entwässerungsmaßnahmen im 15. und 16. Jahrhundert konnten zahlreiche Köge für die landwirtschaftliche Nutzung gewonnen und schließlich – im Jahr 1613 – alle drei Inseln zu einer Halbinsel vereinigt werden.

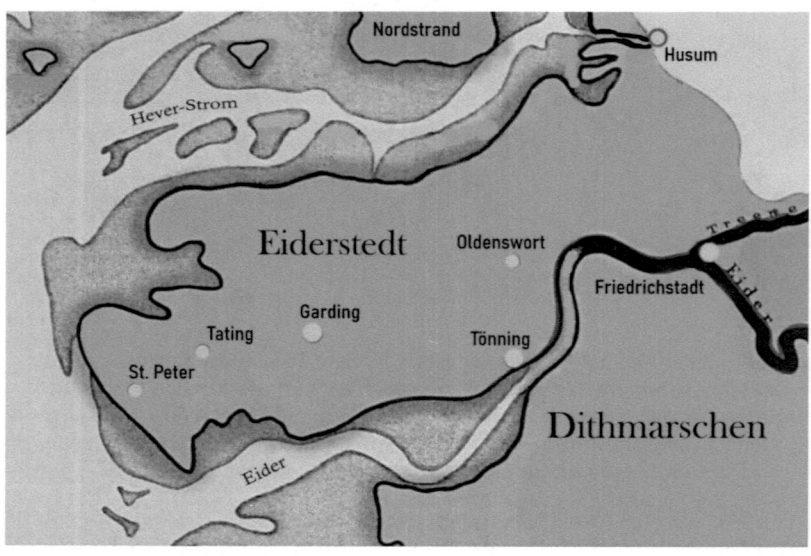

Diese Karte von 1910 zeigt die Form der Halbinsel Eiderstedt, wie sie seit dem 16. Jahrhundert nahezu unverändert bis heute besteht.

Abgesehen von einem Dünensandstreifen, der sich von Katharinenheerd über Garding bis Tating erstreckt, weist Eiderstedt überwiegend fruchtbaren Marschboden auf, der sich über Jahrtausende durch Schlickablagerungen gebildet hat. Bis heute wird er für Ackerbau und Weidewirtschaft genutzt. Die hohen Ernteerträge und fetten Weidegründe schufen die Grundlage für einen wohlhabenden Bauernstand in früherer Zeit.

Die Spuren der Holländer

Maßgeblichen Anteil an der Entstehung Eiderstedts, an seiner wirtschaftlichen und kulturellen Entwicklung, haben Einwanderer aus Nordholland, die sich seit dem 12. Jahrhundert, vor allem aber seit Mitte des 16. Jahrhunderts, hier ansiedelten.

Bereits seit dem frühen Mittelalter betrieben holländische Kaufleute auf dem Seeweg regen Handel mit den Bewohnern der Dithmarscher und nordfriesischen Küste. Sie erkannten das Potential dieser den Meeresfluten ausgesetzten Landschaft, die der ihrigen nicht unähnlich war. Die Holländer waren darin erfahren, dem Meer zu trotzen, ihr Land mit Deichen zu schützen und durch Entwässerungsmaßnahmen für landwirtschaftliche Nutzung zu erschließen. Ihre Kenntnisse waren für die hiesigen Bewohner äußerst wertvoll. Die Gottorfer Landesherrschaft schätzte daher die holländischen Einwanderer, begrüßte nicht nur ihre Ansiedlung, sondern warb geradezu um sie. Es kamen viele, und sie blieben. Heute gibt es kaum eine alteingesessene Familie in Eiderstedt, die nicht holländische Vorfahren hat. Viele ihrer Namen, obwohl im Lauf der Zeit verändert, weisen auf niederländische Herkunft: Cornils, Heycke, Gerrit, Dau, Floris, Wallich, Sibitz, Lammerts und Janssen.

Ab Mitte des 16. Jahrhunderts wurden Remonstranten und Angehörige anderer Glaubensrichtungen in den niederländischen Provinzen verfolgt und umgebracht. Hunderttausende von ihnen flohen in benachbarte Länder, die ihnen Aufnahme gewährten. Der Herzog von Gottorf, Friedrich III., lud sie ein, in sein Herzogtum überzusiedeln und an dessen Westküste eine eigene Stadt zu errichten, die nach seinen Vorstellungen einst eine Welthandelsmetropole werden sollte. Viele Glaubensflüchtlinge folgten seinem Ruf und gründeten 1621 Friedrichstadt. Am Zusammenfluss von Treene und Eider entstand diese Stadt, die ihre Erbauer mit schiffbaren Grachten nach holländischem Vorbild versahen.

Friedrichstadt um 1700. Gemälde des Malers Jacob Coning (1648 – 1724), der eigentlich Koninck hieß, denn er stammte aus den Niederlanden und diente dem dänischen Königshaus als Hofmaler.

1609 hatte Herzog Johann Adolf von Schleswig-Holstein-Gottorf den aus Nordholland stammenden Wasserbaufachmann Jan Claesz. Rolwagen * zum Generaldeichgrafen für ganz Nordfriesland ernannt und ihm Wohnsitz im Tönninger Wasserschloss geboten.

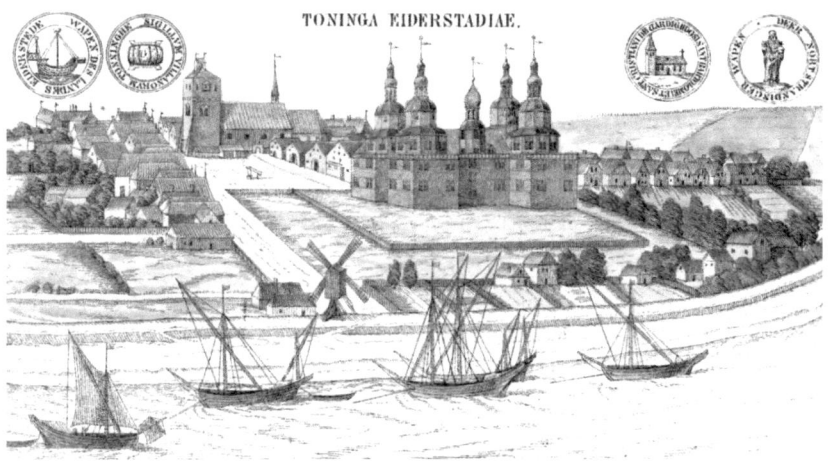

TONINGA EIDERSTADIAE.

Herzog Adolf ließ das Tönninger Schloss um 1580 nach italienischen, französischen und holländischen Vorbildern erbauen. Die Darstellung, ein Bildausschnitt, fertigte der flämische Kupferstecher und Radierer Frans Hogenberg, der als Glaubensflüchtling nach Köln emigriert war.

---

* Sein eigentlicher Familienname war vermutlich Claesz. Der hinter diesem Namen gesetzte Punkt in amtlichen Registern scheint darauf hinzudeuten. *Rolwagen* dürfte ein Beiname gewesen sein. In seiner Heimatstadt Alkmaar gab es viele Bewohner mit dem Namen Jan Claesz. Um diese Personen besser unterscheiden zu können, gab man ihnen vermutlich Beinamen, vornehmlich Berufsbezeichnungen. Mit *Rolwagen* dürfte ein Fuhrunternehmer gemeint worden sein. Um 1590 war er in Amsterdam auch als Makler tätig. Oft wurde eine Person nur noch mit ihrem Zunamen identifiziert; der tatsächliche Name geriet mehr und mehr in Vergessenheit. Hierzulande war Jan Claesz. Rolwagen als Johann Clausen Rollwagen geläufig. Daher wird im folgenden Text auch sein (Bei-)Name *Rolwagen* (in holländischer Schreibweise) benutzt, um Missverständnisse zu vermeiden.

In den darauffolgenden Jahren wurden unter dessen Leitung sechs Köge auf Eiderstedt eingedeicht – der Sieversflether Koog bei Tetenbüll (1610), der Alt-Augustenkoog bei Westerhever und der Freesenkoog bei Koldenbüttel (1611), der Harbleker Koog (1612), der Dreilandenkoog und der Süderfriedrichskoog (1613). Die Abdämmungen der Köge beanspruchten mehrere Jahre, allein der Freesenkoog wurde erst nach siebenjähriger Bautätigkeit vollendet.

Wurden die Deiche zuvor in bäuerlicher Gemeinschaftsarbeit errichtet, so betrieb Rolwagen seine Bauvorhaben als Unternehmer mit angeworbenen Tagelöhnern, finanziert von Investoren, wie er dies bereits in seiner Heimat erfolgreich praktiziert hatte. An Stelle der bisher gebräuchlichen bäuerlichen Fuhrwerke ließ er seine Arbeiter Schubkarren auf Bohlenwegen benutzen, mit denen man auf dem Kleiboden besser zurechtkam. Den Seedeichen gab er eine neue Form. Sie bildeten zu Meerseite nicht mehr eine senkrechte Wand, sondern besaßen ein flach auslaufendes Profil. Dadurch vermochten sie die anrollenden Wellen zu brechen und wurden somit widerstandsfähiger. Rolwagen revolutionierte in mehrfacher Hinsicht den Deichbau. Er beschleunigte ihn, verringerte die Kosten und verbesserte ihre Beständigkeit.

Deichbau mit Schubkarren. Zeichnung von Gustav Schönleber um 1875

14

Nach Schaffung der Köge galt es, das neu gewonnene Land zu entwässern. Denn es lag teilweise unterhalb des Meeresspiegels. Regenwasser aus dem Binnenland konnte auf natürlichem Weg nicht abfließen. Die Gottorfer Herzöge beauftragten daher holländische Fachleute, die Schöpfwindmühlen, Gräben, Kanäle und Schleusen errichteten. Durch die Entwässerungsmaßnahmen entstand in den Kögen fruchtbares Acker- und Weideland, das den Bauern reiche Ernten schenkte. Für die Unterbringung von Getreide, Heu und Vieh bedurfte es großer Lagerstätten. Und auch dafür brachten die Holländer Vorbilder aus ihrer Heimat mit. Dort gab es sogenannte Gulfhäuser, selbsttragende Holzständerbauten mit Stroh oder Reet gedecktem hohen Spitzdach.

Eiderstedter Hauberg. Zeichnung von Fritz Stoltenberg, 1895. Manche Haubarge besaßen eine Grundfläche von über tausend Quadratmeter und ihre Walmdächer erreichten Höhen bis zu siebzehn Meter.

Auf Eiderstedt nannte man diesen Haustyp Haubarg (Heuberg). Man sparte bei deren Grundfläche und baute mit mächtigem pyramidenartigem Dach in die Höhe. Denn die Aufschüttung der Warften, auf denen die Gebäude errichtet wurden, war aufwändig und teuer. Der erste Haubarg soll der 1905 abgebro-

15

chene Michelsensche Haubarg im Kirchspiel Garding gewesen sein, bei dem ein Balken die Jahreszahl 1555 trug.

Bauherr eines im Jahr 1611 im Freesenkoog errichteten Haubargs soll Rolwagen selbst gewesen sein. Unter seiner Leitung entstanden bald weitere Hofgebäude dieser Art, die von einer Gruppe von Unternehmern finanziert wurden. Dafür erhielten sie Privilegien – Landbesitz, günstige Pachtverträge, Steuererleichterungen und Begünstigungen bei der Ausfuhr ihrer Agrarerzeugnisse. Zwischen dem 17. und 19. Jahrhundert wurden etwa vierhundert Haubarge in Eiderstedt errichtet. Heute sind kaum noch fünfzig von ihnen erhalten.

Der Pernörhof, größter Bauernhof in der Gemeinde Kating, erbaut 1773.
Zeichnung von Margareta Erichsen, 1974

Der 6-Ständer-Haubarg von Pohnswarft im Süderfriedrichskoog bei Oldenswort
wurde 1787 erbaut und zählt zu den mächtigsten Bauwerken seiner Art.

Eiderstedt verdankt Rolwagen nicht nur zahlreiche Deiche und
Haubarge, sondern auch die Errichtung des Tönninger Hafens,
die Süder- und Norderbootfahrt – zwei weit ins Land führende
und für kleine Lastkähne schiffbare Kanäle – und vermutlich
auch den Gardinger Hafen.

Garding und die Süderbootfahrt. Dieser Kanal führte vom Hafen der Stadt bis zur Eidermündung bei Katingsiel. Die Norderbootfahrt verband Tetenbüll und andere Orte mit Tönning. Darstellung von Julius Gottheil, 1864

Es bedurfte vieler Schöpfmühlen, um die Köge zu entwässern, und Kornmühlen, um Getreide zu mahlen. Auf diesem Ausschnitt einer Landkarte, die um 1720 datiert, sind in der Umgebung von Garding allein neun Mühlen verzeichnet.

Am südlichen Stadtrand von Garding lag einst einer kleiner Hafen, wie diese 1884 entstandene Lithographie zeigt. Er wurde 1912 zugeschüttet, nachdem eine Chaussee- und Eisenbahnverbindung nach Tönning gebaut worden war. Unten: Der Tönninger Hafen in den 1860er Jahren. Beide Steindrucke schuf Friedrich Gottlieb Müller.

Rolwagen war ohne Zweifel eine herausragende Persönlichkeit, die großen Anteil an der landschaftlichen und wirtschaftlichen Entwicklung der Halbinsel Eiderstedt hatte. Er wurde vom Landesherrn wegen seiner Fähigkeiten geschätzt, in der Bauern- und Arbeiterschaft war er dagegen durchaus unbeliebt. Es kam zwischen ihm und diesen zu massiven Konflikten, die Rolwagen veranlassten, in seine Heimat zurückzukehren. Als ihn der herzogliche Hof 1616 erneut zum Generaldeichgrafen bestellte, folgte er dem Ruf und übernahm zusammen mit seinem Sohn neue Deichbau- und Entwässerungsprojekte an der nordfriesischen Küste.

19

Holländermühlen und Holländereien

Die durch Eindeichung und Entwässerungsmaßnahmen in den Kögen gewonnenen fruchtbaren Äcker wurden vor allem für den Getreideanbau genutzt und auf den fetten Weiden grasten unzählige Kühe und Schafe. Sowohl das Korn wie auch die gut genährten Tiere wurden zum größten Teil exportiert. Um das Getreide für den Eigenbedarf der Eiderstedter, die sich vor allem von Graupen, Grütze, Brot und Mehlspeisen ernährten, vermahlen zu können, wurden Mühlen benötigt und für die Verarbeitung der Milch, die die Kühe lieferten, entsprechende Einrichtungen. Die Kenntnisse dafür brachten die zugewanderten Holländer aus ihrer Heimat mit, die in der Mühlentechnik und Milchverarbeitung bereits einen hohen Entwicklungsstand erreicht hatten.

Bis zum Ende des 18. Jahrhunderts prägten Bockmühlen mit ihren großen Windflügeln das Landschaftsbild von Eiderstedt. Starke Stürme vermochten sie allerdings von ihren hölzernen Sockeln zu stürzen.

Bockwindmühlen wie dieses im Freilichtmuseum Molfsee bei Kiel befindliche Exemplar waren einst überall auf Eiderstedt vertreten. Das Getriebehaus war drehbar, um die Mühle in den Wind stellen zu können.

Abgelöst wurden die Bockmühlen von Holländermühlen, die auf einem Erdhügel oder gemauerten Unterbau standen. Sie waren solider konstruiert, weniger sturmanfällig, effektiver und vielseitiger.

Die 1857 erbaute Holländermühle *Emanuel* bei Garding, Zeichnung von Margareta Erichsen, 1981

Bald besaß fast jedes Dorf eine Mühle dieser Art mit weithin sichtbaren Flügeln. Auf Eiderstedt und anderenorts dienten sie auch der Nachrichtenübermittlung. Je nach Stellung ihrer Flügel im Ruhezustand ließ sich aus der Ferne ablesen, ob der Müller gerade eine Pause einlegte oder bereits Feierabend hatte. Eine entsprechende Flügelposition zeigte auch freudige oder traurige Ereignisse im Dorf an.

Diese Mühle stand am westlichen Ortsrand von Oldenswort und trug ebenfalls den Namen *Emanuel.* Der Betrieb beschäftigte damals mehrere Arbeitskräfte und ernährte eine große Familie. Aufnahme von 1905.

Über zweihundert Jahre lang dominierten die Holländermühlen verschiedener Bauart die Landschaft, bis sie durch motorbetriebene Mahlwerke ersetzt wurden.

Bereits 1560 siedelten verstärkt Einwanderer aus Holland und der Region Westfriesland in den Ostteil von Eiderstedt, dort insbesondere in die Hafenstadt Tönning, nach Oldenswort, Witzwort und Koldenbüttel. Später folgten weitere, die sich im Westteil niederließen. Holland war seinerzeit die wohl handelsstärkste Provinz der Niederlande. Politische Unruhen, Rebellion und religiöse Verfolgung trieben viele ihrer Bewohner in die Emigration auf der Suche nach einem freieren Leben. Das meerumtoste Eiderstedt war für sie ein vertrauter Lebensraum, in dem sie sich eine neue Existenz aufbauen wollten und durften. Landstriche, die bereits eingedeicht und entwässert waren, konnten vom Landesherrn gepachtet und bewirtschaftet werden. Bewusst wurde die Landschaft weitgehend baumlos belassen, denn jeder Quadratmeter Fläche bedeutete eine Ertragsmöglichkeit. Bäume galten als Verschwendung. Die ausgedehnten Wiesenländereien boten sich für die Beweidung mit Kühen an.

Die Milchmengen, die sie lieferten, überstiegen jedoch bei Weitem den Bedarf der einheimischen Bevölkerung. Die Milch musste daher zu haltbaren und handelbaren Erzeugnissen verarbeitet werden. Die holländischen Zuzügler waren auf dem Gebiet erfahren und begannen mit dem Aufbau von Milchwirtschaften, die sie auf Bauernhöfen und in den großen Haubargen einrichteten. Oft pachteten sie auch ganzen Haubarge und dazugehörige Ländereien, die im Besitz von Landesherrn und Investoren waren. Erst später kamen sie in Privathände.

Zweihundert Jahre, bis etwa 1750, waren diese Milch- und Haubargswirtschaften sehr profitabel. Es wurden dort bedeutende Käse- und Buttermengen erzeugt und exportiert. Zeitweise verließen den Tönninger Hafen jährlich zwei bei drei Millionen Pfund Käse. Sie wurden nach Hamburg, Bremen, Emden, in die Niederlande, nach Frankreich und Norwegen verschifft. Auch von

Garding gingen regelmäßig Käseladungen in den Export. Den größten Teil der Eiderstedter Käseproduktion übernahmen Hamburger, Bremer und holländische Kaufleute, um sie weiter zu vermarkten. Bremen war damals Hauptstapelplatz für Käse. Von hier wurde er weiter verschifft – bis nach England, Spanien und Portugal. Ein Bremer Händler besaß eine eigene Niederlassung in Husum, um hier vorteilhaft Käse, Butter und andere Landesprodukte günstig einzukaufen.

Das saftige Weideland auf fettem Marschboden bot Kühen nährstoffreiche Nahrung. Landschaft bei Garding. Lithographie von Friedrich Nay, 1856

Den Eiderstedter Käse schätzte auch der herzogliche Hof, der regelmäßig große Partien orderte. Dort residierende Feinschmecker legten auf den Reifegrad der Käse besonderen Wert und unterschieden Mai-, Heu- und alten Käse. 1599 erwarb der Hof eine bedeutende Anzahl dieser Sorten. Für das Jahr 1605 ist in den Kammerrechnungen vermerkt, dass der Tönninger Händler Gerridt Jacobs dem Gottorfer Herzog über 2.200 Pfund alten Käse und über 11.000 Pfund neuen Käse lieferte. *

Der Seehandel war eine Domäne der Niederländer. Die Einwanderer und ihre Beziehungen zu ihren Landsleuten in der Heimat spielten für den Absatz der eiderstedtischen Agrarerzeugnisse eine entscheidende Rolle. Ihre Verbindungen, Erfahrungen und ihr Unternehmergeist waren für die wirtschaftliche Entwicklung der Halbinsel Gold wert.

Die Niederländer brachten das Land voran, gestalteten es maßgeblich mit. Sie brachten ihm Fortschritt und Neuerungen auf mehreren Gebieten. Sie erhielten im Gegenzug Privilegien, die ihnen das Leben in der Fremde erleichterten. So durften sie ihre Konfession, ihre kulturellen Traditionen und ihre Sprache beibehalten und eigene Kirchen und Schulen errichten. Manche Elemente der holländischen Kultur haben die eingesessenen Eiderstedter bereits vor Jahrhunderten sich zu eigen gemacht. Sie übernahmen das Teetrinken, schätzten das Tabakrauchen und erklärten das Boßeln, ein vermutlich von holländischen Deichbauern eingeführter Wettkampf im Kugelweitwurf, zum Eiderstedter Nationalsport.

Die große Zeit der Haubarge und Holländereien ging auf Eiderstedt zu Ende, als im 18. und 19. Jahrhundert vermehrt die Viehpest und Maul- und Klauenseuche bei Kühen ausbrach. Die damit einhergehenden enormen Tierverluste zwangen die Bauern, die Milchkühe abzuschaffen und auf Fettgrasung umzustellen. Folglich entfiel die Einstallung der Kühe im Winter und Bevorratung mit Heu und anderem Futter, und die Haubarge verloren ihre Funktion. Da für ihre Instandhaltung die Mittel fehlten, wurden sie nach und nach abgerissen.

---

* vgl. Zeitschrift der Gesellschaft für Schleswig-Holstein-Lauenburgische Geschichte. 20. Band. Kiel 1890, S. 250

Sie war das Tor zur Welt

D ie wirtschaftlichen Zentren Eiderstedts waren und sind die beiden kleinen Städte Tönning und Garding, wobei Erstere durch ihre günstige Lage direkt an der Eidermündung und ihren Hafen die größere Bedeutung besaß. Im 17. Jahrhundert war Tönning von einer starken, wehrhaften Festung umgeben, die 1644 errichtet wurde und 36 Tonnen Gold gekostet haben soll.

Diese Darstellung, die um 1700 entstand, zeigt die Stadt mit dicken Festungs-mauern, einem Schloss und einer alles überragenden Kirche.

Die Mitte der Stadt krönte ein prachtvolles Schloss. Die Festung überdauerte gerade mal sechs Jahrzehnte. Der im Großen Nordi-schen Krieg (1700 bis 1721) obsiegende dänische König ließ sie 1714 schleifen. Das Tönninger Schloss wurde zwanzig Jahre spä-ter ebenfalls bis auf den Grund zerstört. Danach blieb die Stadt unbefestigt.

Mit ihrem geschützten Hafen und Ankerplatz im Strom war die Stadt der erste Ort, den die von der Nordsee kommenden Schiffe auf der Eider passierten. Viele von ihnen wurden für ihre Weiterfahrt durch den Kanal und in die Ostsee mit Proviant und anderen Waren ausgerüstet. Das 1783 errichtete große Packhaus diente den Spediteuren als Zwischenlager für Frachtgüter aller Art. Kleine Häfen bzw. Landeplätze gab es noch bei Katingsiel, Süderhöft und Westerhever auf Eiderstedt.

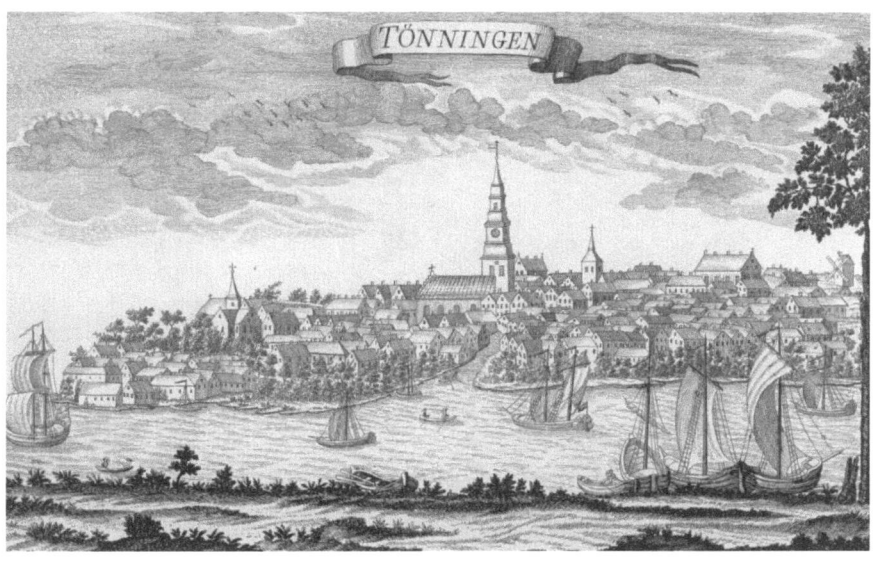

Befreit von seinen Festungsmauern verwandelte sich das Stadtbild in eine fast idyllische Szenerie. Kupferstich von Johann Gottlieb Friedrich, um 1800.

Niederländische Einwanderer, die ab dem 12. Jahrhundert an die schleswig-holsteinische Westküste zogen, trugen wesentlich zur Entstehung der kleinen Stadt und zum wirtschaftlichen Aufschwung der Dreilanden, dem späteren Eiderstedt, bei. Sie begannen mit Entwässerungs- und Dammbaumaßnahmen und erzeugten Käse in großer Menge, den sie in ganz Europa absetzten. Im Jahr 1613 ließ Herzog Johann Adolf einen Hafen in die Stadt hinein bauen. Bis zu hundert Schiffe mittlerer Größe sollte er aufnehmen können. Er wurde der größte Ausfuhrhafen an der schleswig-holsteinischen Westküste. Der weitsichtige Herzog veranlasste auch den Bau von Verkehrswegen, denn zuvor war Tönning vom Hinterland nur über Kleiwege erreichbar. Um den Transport der landwirtschaftlichen Erzeugnisse Eiderstedts mit Booten zu ermöglichen, ließ er auf Eiderstedt schiffbare Kanäle bauen – die Süder- und Norderbootfahrten.

Blick auf Garding mit Süderbootfahrt. Zeichnung von Fritz Stoltenberg, 1895

Tönning wurde 1590 zur Stadt erhoben. Der Hafen, das benachbarte Katingsiel und der Hafen von Garding gehörten zum Tönninger Zollbezirk. Alle ein- und ausgehenden Waren unterlagen der Verzollung. Die Gebühren waren eine wichtige Einnahmequelle für den dänischen König. Über den Tönninger Hafen wurden im 17. Jahrhundert vor allem große Mengen Getreide,

Fleisch und Wolle sowie vereinzelt auch lebende Rinder und Schafe ausgeführt.

Bereits vor dem Bau des Eiderkanals lebten die Einwohner hauptsächlich von der Schifffahrt und dem mit ihm verbundenen Handel. Doch nach seiner Eröffnung blühte das Wirtschaftsleben der Stadt regelrecht auf, insbesondere zu Beginn des 19. Jahrhunderts während der Elbblockade (von 1803 bis 1806) durch die Briten und der ersten beiden Jahre der folgenden Kontinentalsperre (1806 bis 1813) Napoleons. Die für Hamburg bestimmten Schiffe wurden nach Tönning umgeleitet und deren Ladungen auf dem Landweg in die Hansestadt befördert. Die Reede vor Tönning war jetzt dicht an dicht besetzt mit großen Segelschiffen. Auch die Niederländische Ostindien-Kompagnie nutzte ab 1805 den Tönninger Hafen und den Eiderkanal für ihre Transporte nach Kopenhagen und in den Ostseeraum. In jenen Jahren stiegen die Tönninger Zolleinnahmen um das Zehnfache, und die Bevölkerungszahl der Stadt verdreifachte sich auf nahezu achttausend. Die Stadt war auf diesen Ansturm nicht vorbereitet. Der Reiseschriftsteller Philipp Andreas Nemnich schilderte die Tönninger Verhältnisse, wie er sie 1805 sah:

Es fehlte an allem. Große Kosten wollte man für einen mutmaßlichen Augenblick nicht verwenden. Die Empfänger der Güter in Hamburg schrien laut über die Unordnung, Verwahrlosung und Verderb der Waren, Veruntreuung und Verschlimmbesserung des Transportes.

Segelschiffe aus allen Ländern, große wie kleine, selbst Wal- und Heringsfänger liefen in die Eider ein und ankerten vor Tönning, um für Hamburg bestimmte Ladung zu löschen und neue aufzunehmen. Von 1799 bis 1812 wurden hier regelmäßig bis zu neunzig Schiffe im Winter auf den Wattstrand vor der Stadt gesetzt, um vor Sturm und Eisgang einigermaßen geschützt zu sein. Im Hafen konnten sie keinen Platz finden, da sie zu groß waren oder dieser bereits mit anderen Schiffen besetzt war. In jener Zeit liefen in Tönning jährlich bis zu tausend Schiffe ein und aus. J. A.

Petersen beschreibt in seinen *Wanderungen durch das Herzogthum Schleswig, Holstein und Lauenburg,* wie sehr der plötzliche große Waren- und Menschenzustrom die Stadt veränderte.

Wie muß bei der Betrachtung dieses Mastenwaldes den Tönningern das Herz gehüpft haben; war doch jeder Wimpel gleichsam eine Blüthe, aus welcher der Stadt goldene Früchte erwuchsen, förderte doch jedes Schiff den Verkehr, sowie die Geselligkeit in derselben, mithin auch die Bildung ihrer Bewohner. Kaufleute, vornehmlich Spediteure und Commissionaire, Makler, Ever- und Jollenführer, Küper, Schlafbaasen, Conditoren, Maler, Segelmacher, Schiffszimmerleute, Schenkwirte, Musici und dames d'amour wanderten in Menge ein.

Der Marktplatz und die St. Laurentius-Kirche. Zeichnung von Fritz Stoltenberg, 1895

Die Zuwanderung so vieler Menschen trieb die Preise für Wohnungsmieten, Häuser und Lebenshaltung in die Höhe. Die Gäste suchten Unterhaltung und Vergnügen, und so entstanden in kurzer Zeit zahlreiche Gaststätten, Spielsalons und Amüsierlokale, sogar ein Theater wurde eigens gebaut und eine damals berühmte

Schauspieltruppe für längere Zeit engagiert. Um die Ordnung aufrecht zu erhalten, stockte die Stadt Polizei- und Wachmannschaft erheblich auf. Sogar ein Jägercorps und Kavallerie wurden zur Sicherheit in der Stadt und ein Wachtschiff bei den draußen liegenden Schiffen stationiert. Auf einen bestimmten Glockenschlag hin wurde von diesem Schiff ein Kanonenschuss zur Verkündung der Hafenruhe abgefeuert. Dem folgten in der Stadt Trommel- und Trompetensignal zum Zapfenstreich.

Zu Beginn der Elbblockade fuhr regelmäßig ein Paketschiff von Tönning nach England. Oft wollten Personen *hohen Ranges,* die auf der Flucht vor den Franzosen waren, mit diesem Schiff auf die britische Insel übersetzen. Mitunter reisten deswegen ganze Familien mit zahlreicher Dienerschaft in Tönning an, die aus Platzmangel in Husum einquartiert werden mussten.

Viele britische Reedereien und Handelsunternehmen schickten ihre Agenten nach Tönning und eröffneten Büros. So wurden hier bald englische Sitten und Gebräuche üblich, etwa die Tee-Zeremonie und abendliche Gesellschaften mit Tanz und Spielen.

In einer Sturmnacht im Mai 1805 wurden fast alle auf Reede liegenden Schiffe aus ihrer Verankerung gerissen und schwer beschädigt. Einige trieben führerlos auf der Eider und kollidierten mit anderen Schiffen. Etwa ein Dutzend Leichterschiffe versank – nur noch ihre Masten ragten aus dem Wasser empor.

Viele der hier verkehrenden Schiffe waren reparaturbedürftig und hielten 54 Zimmerleute und 20 Reepschläger ständig in Arbeit. In Tönning selbst waren fünfzehn Schiffe beheimatet. Die Stadt besaß seit 1802 auch eine Navigationsschule, die seemännisches Personal ausbildete. Tönning verfügte zwar über kein eigenes Seegericht, ihr wurde jedoch Gerichtsbarkeit bei Streitigkeiten zugestanden, die die Schifffahrt im Hafen und den ihr zugehörigen Eiderbereich betrafen. Der Rechtsprechung lag dänisches, Hamburger und Wisbyer Seerecht zu Grunde.

Unmittelbar nach Fertigstellung des Kanals entstanden in Tönning eine Lohgerberei, eine Reepschlägerei, die die für Schiffe notwendigen Seile und Taue herstellte, mehrere Stärkefabriken, zwei Brauereien und eine Ziegelei. 1861 etablierte sich hier auch eine Pianofortefabrik. Das Klavier war in der zweiten Hälfte des 19. Jahrhunderts in der bürgerlichen Mittelklasse sehr in Mode und wurde daher in großen Stückzahlen produziert. In vielen schleswig-holsteinischen Städten bauten kleine Betriebe dieses Instrument, das zugleich als dekoratives Möbelstück diente. Allein in Rendsburg waren in jener Zeit drei solcher "Fabriken" vertreten.

Tönning besaß eine Schiffswerft, eine Zigarrenmanufaktur, ein Hospital, eine imposante Kirche, ein Rathaus, mehrere Schulen (darunter eine Strickschule für Kinder armer Leute), zwei Spritzenhäuser, ein Wachhaus, ein Gefängnis, ein Armenhaus, eine Seebadeanstalt und zwei herrschaftliche Mühlen, zu denen die Einwohner der Stadt und des Kirchspiels Tönning zwangspflichtig waren. Sie durften also nur hier ihr Getreide mahlen lassen.

Außerdem gab es zwei Ärzte, eine Apotheke und zahlreiche Handwerker, darunter Schmiede, Tischler, Schuster, Schneider und Rademacher (eine alte Bezeichnung für Stellmacher bzw. Wagner). In der Stadt lebten nur wenige Fischer, dagegen hielten viele Einwohner Bienenstöcke und erzeugten ansehnliche Mengen Honig. Die Stadt beschäftigte je einen Stadtmusicus, Gerichtsdiener, Rathausdiener und einen Stockmeister, der für den Vollzug körperlicher Strafen zuständig war. In königlichen Diensten standen je ein Landschreiber, Hafenmeister, Zollinspektor, Zollkassierer, Kontrolleur, Unterzollbedienter, Packhausverwalter, Lotseninspektor, Postmeister sowie ein Ober- und Landgerichtsadvocat und zwei Untergerichtsadvocaten.

Regelmäßig fanden Kram- und Jahrmärkte sowie Pferde- und Viehmärkte statt. Die Tiere wurden überwiegend zu Fuß in langen Märschen weiter zu den Märkten der großen Städte im Süden des Landes gebracht. Ab Mitte des 19. Jahrhunderts wurden zunehmend auch Schiffe für deren Export eingesetzt.

Der Seehandel besaß für die Stadt große Bedeutung. Großbritannien und die Niederlande betrieben ihn mit Tönning bereits seit Jahrhunderten und errichteten hier Konsulate zur Abwicklung und Förderung ihrer Handelsgeschäfte. Auch Frankreich war zeitweise mit einem Konsularagenten in der Stadt vertreten.

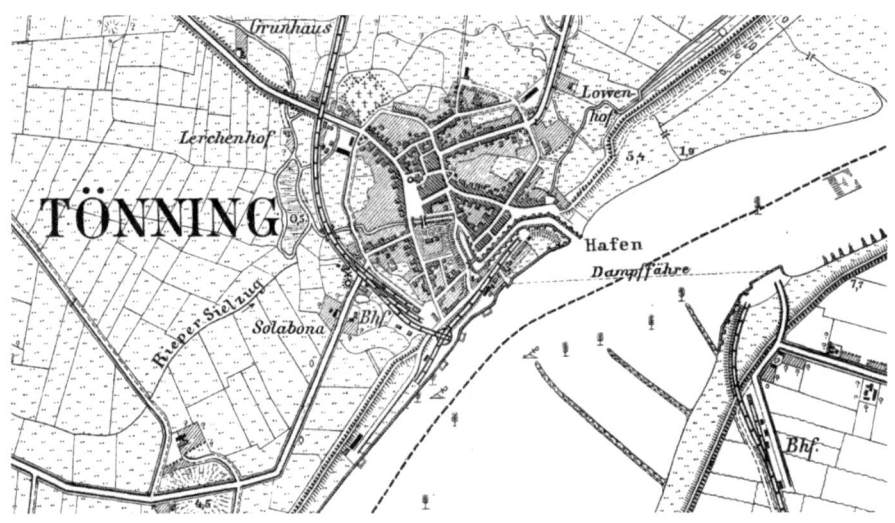

1877 wurde eine Bahnlinie von Neumünster über Heide bis an die Eider im Karolinenkoog in Betrieb genommen. Sie führte zu einer Dampffähre, die gegenüber von Tönning zwischen beiden Flussufern verkehrte. Vom Tönninger Bahnhof führte ein Schienenstrang direkt zu den Anlegebrücken.
Preußische Landesaufnahme, 1878

Viehtransporte nach England

Da vor Tönning entlang der Eider keine Lösch- und Ladeplätze vorhanden waren, musste der Güter- und Warenumschlag notgedrungen über den inneren Hafen abgewickelt werden. Die Stadt ließ 1847 unmittelbar am Fluss eine hölzerne Ladebrücke und Vorrichtungen bauen, um großen Schiffen die Aufnahme von Lebendvieh zu ermöglichen. Die für England bestimmten Ausfuhren nahmen bald ein solches Ausmaß an, dass zwei weitere Landungsbrücken errichtet wurden. Eine vierte installierte 1857 die Schleswigsche Eisenbahngesellschaft speziell für die Einfuhr englischer Steinkohle. Denn die meisten von der britischen Insel kommenden Schiffe bunkerten auf ihrer Überfahrt nach Tönning Kohle und fuhren mit Lebendvieh wieder Richtung London zurück. Dort warteten bereits riesige Schlachthöfe auf deren Ankunft.

Die einstige Tönninger Schiffbrücke

Über mehr als vierzig Jahre wurden in den Sommermonaten Woche für Woche Dampfschiffe mit Rindern und Schafen beladen, die auf den fetten Weiden der umliegenden Marschen zu üppiger Fülle gediehen waren. Ein Reisender schilderte 1853 in der *Regensburger Zeitung* seine Eindrücke vom Geschehen an der Tönninger Verladestation:

Große hölzerne Viehställe sind am Binnendeich nahe dem Ufer der Eider aufgebaut, wo die Massen von Ochsen, Pferden und Schafen untergebracht werden, die aus der ganzen Landschaft Eiderstedt herangetrieben worden sind und auf die Einschiffung nach England warten. Auch von Dithmarschen herüber bringen sie in den großen Fährbooten ihr Vieh über die Eider, denn es ist noch bequemer und bringt mehr ein, es nach Hull oder London, als wie früher nach Hamburg an den Markt zu schicken. Fünfmal wöchentlich gingen beladene Dampfschiffe von dort über die See nach England und Jung und Alt radebrechte dort am Eiderufer wohl oder übel Englisch, so daß Einem die Ohren davon gellten.

Die Tierausfuhren nach England lagen anfänglich ausschließlich in den Händen britischer Spediteure. Für die Abwicklung der Handelsgeschäfte war in Tönning sogar ein vom britischen Außenministerium eingesetzter Konsul tätig. Alle eingesetzten Schiffe waren britischer Herkunft.

Die ersten Ochsenfrachter waren Schaufelraddampfer, die zusätzlich Segelmasten besaßen.

Hiesige Kaufleute gründeten 1871 die *Tönninger Dampfschiffahrtsgesellschaft* und schafften eine eigene Flotte an, um an dem gewinnträchtigen Geschäft teilzuhaben. Einer ihrer Dampfer, die *Schleswig*, konnte etwa 650 Ochsen und 750 Schafe laden. Eine ähnlich große Kapazität besaßen die Schiffe *Taurus* und die *City of London*. Zum Laden und Löschen standen in der Eider bei Tönning mehrere hölzerne Anleger zur Verfügung, darunter auch einer, der nur zur Kohlenbe- und -entladung bestimmt war.

Die Reise nach London

Als der Londoner Viehmarkt in den 1870er Jahren seine Blütezeit erlebte, fuhren Eiderstedter Bauern im Herbst gern mal mit den Ochsenschiffen nach London. Nicht nur, um zu sehen, wo ihre Ochsen landeten, sondern auch um die Weltstadt und das Leben dort kennenzulernen. Jede Woche fuhren drei bis vier Ochsendampfer nach London. Für Mitreisende war es einfacher, auf diese Weise in die englische Metropole zu gelangen als etwa nach Hamburg. Manchem Eiderstedter Bauern, der London besuchte, erschien diese Stadt vertrauter als die eigene Landeshauptstadt.

August Geerkens erzählt in einem Aufsatz * von der Reise und den Erlebnissen seiner zwei Onkel, Julius und Ferdinand Geerkens aus Schlapphörn. Zusammen mit ihren Ochsen traten sie im Oktober die Schiffsreise an. Sie wären besser früher gefahren, denn im Oktober kam häufig schlechtes Wetter auf. Andererseits waren die Ochsen im Spätherbst optimal genährt und würden hohe Preise erzielen. Ihre Besitzer wollten ihre Tiere nach England begleiten und dort deren Verkauf verfolgen.

Nach der Erzählung *As ik in Engeland weer* von August Geerkens, in: Heimatbund Landschaft Eiderstedt (Hg): Blick über Eiderstedt. Band 5. Vun Land un Lüüd. Eiderstedt im 19. und 20. Jahrhundert, Garding 2008, S. 189 ff.

Bereits auf der Außeneider ließen Sturm und hohe Wellen ihr Schiff gehörig schwanken. Es dauerte nicht lange, und Ferdinand wurde sterbenskrank. Er war noch nie zuvor auf einem Schiff gereist und wusste nichts über Seekrankheit. Er bedauerte seinen Entschluss, auf dem Ochsenschiff mitzureisen.

Den Tieren an Bord erging es jedoch schlimmer. Auf den glitschigen Planken wurden sie hin- und hergeworfen, stießen sich gegenseitig und verletzten sich so schwer, dass einige von ihnen geschlachtet werden mussten. Mit einer Schlinge um den Hals wurden sie anschließend über Bord gehievt und ins Meer geworfen. Die beiden Bauern sahen dem Drama mit Entsetzen zu und meinten, man hätte die Tiere doch noch verwerten können. Aber die Tatsache, dass die Ochsen versichert waren, tröstete ihre Besitzer.

Nach etwa 1½tägiger Fahrt erreichte das Schiff das Ziel seiner Reise.

Das Ochsenschiff *Taurus* auf der Themse bei seiner Ankunft vor Greenwich bei London. Zeichnung eines unbekanntes Malers, 1866

Beim Ausladen der Tiere bot sich den Betrachtern ein schauriger Anblick. Die Körper der Ochsen waren überall mit Mist beschmiert, viele hatten blutende Wunden. Ihr Zustand war elend; sie litten an Hunger und Durst. Die Treiber sprühten sie ab und rieben sie sauber, um sie auf dem Viehmarkt einigermaßen passabel präsentieren zu können.

Die beiden Bauern waren froh, dass sie wieder festen Boden unter den Füßen hatten und wollten sich nun nach einem Quartier umsehen. Sie befanden sich in Deptford, einem Hafenvorort von London, wo es ziemlich rau zuging. Der Kapitän des Schiffs hatte für die beiden in der Herberge *Pieter the Great* ein Zimmer bestellt. Es galt als das beste Haus im Ort, zwar kein Luxushotel, aber es lag in unmittelbarer Nähe des Viehmarktes. So konnten sie aus nächster Nähe verfolgen, an wen ihre Tiere verkauft werden würden. An der Schiffbrücke begegneten sie Johannes Jaaks aus Tating, einem hier tätigen Kommissionär. Das gab ihnen fast das Gefühl, zu Hause zu sein.

Nachdem sie etwas gegessen und Mittagsschlaf gehalten hatten, kam der Kapitän zu ihnen und führte sie durch einige Hafenlokale. Es war ein Sonnabend, die Leute hatten ihr Geld bekommen und gaben es nun großzügig aus. In den lauten Lokalen drängten sich die Betrunkenen. Nachdem Julius und Ferdinand hier und da bereits ein Glas Porter getrunken hatten, meinte Kapitän Kraats: *Jüm mööt doch ok noch unse beste Kroog kennen leern.* In dem Lokal, das von draußen recht ansehnlich aussah, saßen wieder Schiffer, Matrosen und Schauerleute und gröhlten, dass man sein eigenes Wort nicht verstand. Ein Schild an der Wand forderte die Eintretenden auf, ihre Hüte abzunehmen.Die beiden Eiderstedter Bauern konnten nicht verstehen, warum man in so einem Lokal auf derartige Anstandsregeln Wert legte, aber sie fügten sich, nachdem der Kapitän ihnen zu verstehen gegeben hatte, dass ihnen anderenfalls Ungemach drohe.

Am nächsten Morgen besuchten sie den Markt und konnten kaum fassen, was sie dort sahen. Die Ochsen standen in langen

Reihen dicht nebeneinander, wurden von Großschlachtern begutachtet und in ganzen Partien gekauft.

Als sie gegen Mittag den Markt wieder verließen, waren sie hungrig und suchten nach einem Stand, auf dem man etwas zu essen erstehen konnte. Sie entdeckten eine Frau, die Apfelsinen und andere Südfrüchte anbot. Julius kramte seinen dürftigen Englischwortschatz zusammen, um nach den Apfelsinen zu fragen. Aber die Frau kam ihm zuvor und sprach die beiden auf plattdeutsch an. Sie waren überrascht und sagten:

Wat, kennt se uns denn?

Dat jüm Eiderstedter Buurn sünd, heff ik glieks seen. Ik bün ut Garrn [Garding], entgegnete die Verkäuferin.

Bauern aus Eiderstedt in mistigen Stiefeln, hochgekrempelten Hosen und mit einem Stock in der Hand waren in Deptford durchaus keine Seltenheit.

Am Nachmittag besuchten die beiden den Hafen, sahen bei der Ausladung von Ochsen aus Amerika zu, ebenso beim Ausschiffen von Schafen aus Australien und Südfrüchten aus Afrika. Am Abend gingen sie wieder an Bord ihres Schiffes, denn es sollte bald darauf wieder in Richtung Tönning ablegen. Insgesamt drei Tage hatten sie in London verbracht und von der Stadt viel gesehen. Sie hatten den berühmten Tower und das Wachsfigurenkabintett besucht und mussten sich dabei durch den berüchtigten Londoner Nebel kämpfen. Wieder zu Hause, haben sie staunenden Zuhörern immer wieder gern von ihren Erlebnissen erzählt.

Für die Tiere waren diese Transporte eine fürchterliche Quälerei. Der Schriftsteller Adelbert Heinrich Graf von Baudissin (1820 – 1871) bereiste mit dem Maler Otto Fikentscher 1864 das Herzogtum Schleswig und beschrieb, was die Tiere schon zu Beginn der langen Reise am Eiderufer zu leiden hatten:

Ein großes Flachboot mit zwanzig bis dreißig Ochsen und fetten Kühen beladen kam von der gegenüberliegenden dithmarscher

Küste nach dem schleswig'schen Ufer; fünf oder sechs Ochsentrei-
ber, mit gewaltigen Prügeln bewaffnet, standen am Steuer und di-
rigirten das Boot herüber; auf dem diesseitigen Deiche trieben sich
schon etliche hundert Ochsen brüllend umher, und ich erfuhr von
einem Tönninger Spießbürger, daß die Thiere vor Hunger und
Durst brüllen, und vor Hunger und Durst brüllen würden, bis sie in
England in der Schlächterei den Gnadenstoß erhielten.

Adelbert Heinrich Graf
von Baudissin.

Aufnahme von 1864

Die Treiber schlugen mit langen Eichenstöcken unerbittlich auf
die Tiere ein und hinderten sie daran, über Bord zu springen, um
ihren Peinigern zu entkommen. Als das Boot schließlich das andere Ufer erreichte und alle Tiere bis auf eine Kuh an Land ge-
trieben worden waren, schlugen die Männer auf das wehrlose,

völlig ermattete und am Boden liegende Tier wie wild ein, um es zum Aufstehen zu bewegen. Mit weiteren Quälereien und vereinten Kräften schafften sie die Kuh an Land, die aber kaum mehr gehen konnte. Einer der Männer traktierte sie weiterhin erbarmungslos.

Der Maler Fikentscher, der dem Scheusal zunächst stand, konnte nicht länger an sich halten, sondern applizirte ihm ein paar Ohrfeigen, – die natürlich mit der größten Gesetzlichkeit in Empfang genommen wurden, ohne daß der Gezüchtigte es gewagt hätte, auch nur eine Sylbe zu erwiedern.

Der Bericht des Grafen, der die Brutalität der Treiber in allen Einzelheiten schildert, ist nur andeutungsweise wiedergegeben. An dessen Ende fügt er hinzu:

Ich habe nur den hundertsten Theil der scheußlichen Rohheit geschildert, deren Zeuge ich zufällig war; wie mögen aber nach dem hier Gesagten die Tausende von Ochsen behandelt werden, die nach England gehen.

Auftrieb Dithmarscher Ochsen beim Fähranleger gegenüber von Tönning. Von hier wurden sie auf einem Boot über die Eider und anschließend nach England verschifft.. Holzstich, um 1880.

Diese zeitgenössische Darstellung in *The Illustrated London News* lässt erahnen, welche Qualen die Tiere auf den Seetransporten erlitten.

Es waren in der Tat Hunderttausende von Tieren, die auf dem Seeweg nach England gelangten. Die Seetransporte verzeichneten immer wieder große Tierverluste. Die Tiere starben durch Verletzungen, Krankheiten oder Stress und wurden dann in der Regel einfach über Bord geworfen.

Aus den Tagebucheinträgen * des Bauern Hans Ketels (1839 – 1926), der in Brösum und Osterhever je einen Hof besaß und regelmäßig Ochsen nach England verschiffen ließ, erfahren wir, was sich auf diesen Fahrten zutrug:

---

* Veröffentlicht in: Heimatbund Landschaft Eiderstedt (Hg.): Blick über Eiderstedt, Band 4, Husum 1998, S. 83 ff.

1861, 9. - 13. November:

Laut jetzt bestimmt eingegangenen Nachrichten hat in der Nacht vom 1. bis 2. d. M. auf dem Meer und besonders an den Küsten Englands ein fürchterlicher Sturm gewütet. Sämtliche 5 Stück von Tönning am 1. abgegangene Dampfschiffe haben das Vieh stark beschädigt angebracht, ja "City of Norvich" hat von 324 Stück Ochsen allein 160 Stück Tote gehabt, wobei natürlich viele Versender herbe Verluste erlitten haben, da die größte Anzahl nicht versichert hatte. ... Am vorgestrigen Tage sind Davids beide Dampfschiffe "Trident" und "Tiger" mit der vollen Ladung wieder retour gekommen, heftige Stürme zwangen sie dazu. Sämtliches Vieh soll entsetzlich beschädigt sein, so mußten in Tönning 11 Stück geschlachtet werden und 3 Tote waren schon auf der Reise krepiert.

1863, 1. - 5. November

Nach den bereits eingegangenen Nachrichten haben die Ochsendampfschiffe infolge des Sturmes sehr gelitten. Nur "Chirychase" kam noch eben zu Marktzeit an, weshalb unsere Ochsen verkauft sind. "Tiger" kam Sonntag wieder in Tönning an und hatte außer einer großen Zahl beschädigter 180 tote Ochsen an Bord. Das Schraubendampfschiff "Germania" ist wie verlautet in London heute oder gestern angekommen, soll aber auch über 200 Stück tote Ochsen gehabt haben. "Tönning" und "City" wohl ungefähr auch so viel, so daß man mit Sicherheit annimmt, daß im Ganzen ca. 800 Stück krepiert sind.

Immer wieder gerieten *Ochsendampfer* in stürmisches Wetter, erlitten dabei große Verluste an Tieren oder wurden vom Meer verschlungen:

- Im September 1866 ging die *Lady Beven* mit 348 Stück Hornvieh unter.
- 1872 strandete die *Eiderstedt* in einem Sturm vor der englischen Küste und sank.

- Im Oktober 1881 stachen gleichzeitig vier Schiffe von Tönning aus in See und gerieten in einen mehrere Tage andauernden Sturm. Die *Taurus* und die *City of Norwich* erreichten London unter erheblichen Verlusten. Der britische Dampfer *Lion* stieß im Wattenmeer auf eine Sandbank und kam nach fünf Tagen bei fast völligem Verlust der Ladung zurück nach Tönning.

Als 1890 in Deutschland die Maul- und Klauenseuche ausbrach, verbot die britische Regierung jegliche Tierimporte von Tönning. Damit endeten die über vierzig Jahre praktizierten Tierexporte. Die Lebendtransporte von Tieren wurden bald durch kostengünstigeres Gefrierfleisch ersetzt, das Kühlschiffe vor allem aus Australien und den Vereinigten Staaten dem britischen Markt lieferten.

Prominente Besucher aus Frankreich und England

Der Eider-Kanal war in erster Linie als Wasserstraße für die Handelsschifffahrt gebaut worden. Er wurde später auch in den Sommermonaten für Passagierfahrten genutzt. Reedereien setzten Dampfer im Liniendienst auf der Eider und dem Kanal ein. Ab 1845 befuhren Dampfer die Strecke zwischen Tönning und Rendsburg mehrmals in der Woche. Passagen durch den Eiderkanal werden wegen der langwierigen Schleusungen vermutlich weniger häufig stattgefunden haben. Auf der Untereider wurden neben dem regelmäßigen Linienverkehr auch *Lustfahrten* mit Musikbegleitung angeboten. Sie gaben den Reisenden die Möglichkeit, das Land in angenehmer Bordatmosphäre kennenzulernen oder an Wochenenden ihre an der Eider wohnenden Verwandten und Freunde zu besuchen.

Gelegentlich sah man auf der Eider auch Privatyachten, die die Flusspassage nutzten, um von einem Meer ins andere zu gelangen. Zu diesen Reisenden zählte der französische Schriftsteller Jules Verne (1828 – 1905), den seine zahlreichen Abenteuerromane reich und berühmt gemacht hatten.

Jules Verne.
Fotografie von
Félix Nadar, um 1878

Er liebte Seereisen und unternahm sie oft auf eigenen Schiffen. Im Juni 1881 befuhr er mit der *Saint-Michel III* und seiner Crew von Rotterdam kommend die Eider, um Kopenhagen zu besuchen. Die prächtige 33 Meter lange Yacht war mit allem erdenklichen Komfort und zusätzlich zur Besegelung mit einem 25-PS-Motor ausgestattet, der mit Kohle betrieben wurde.

Zunächst legte die Yacht in Tönning an. Jules Verne und einige Begleiter gingen von Bord, um Formalitäten und Besorgungen zu erledigen und die Stadt zu erkunden. Am nächsten Morgen wurde Kohle gebunkert und ein Lotse für die Weiterreise nach Rendsburg auf das Schiff gebeten.

Über den Verlauf der Passage hat Jules mitreisender Bruder Paul einen Bericht * geschrieben, in dem der Aufenthalt in Tönning leider keine Erwähnung findet.

Die *Saint-Michel III*
© Musée Jules-Verne, Nantes

---

* Paul Verne: Jules Vernes baltische Reise. Von Rotterdam nach Kopenhagen an Bord der Dampfyacht "Saint Michel", Husum 1987

Auf seiner Reise von London nach Kopenhagen machte im Sommer 1887 auch der britische Journalist und Rechtsanwalt Edward Frederick Knight (1852 – 1925) in Begleitung seines Landsmannes John Wright mit seiner Segelyacht *Falcon* in Tönning Station.

Edward Frederick Knight

Im Gegensatz zu den Franzosen schilderte Knight seine Eindrücke von der kleinen Hafenstadt und der Kanalpassage in einem später erschienenen Buch * ausführlich:

---

* E. F. Knight: The "Falcon" on the Baltic. A Coasting Voyage from Hammersmith to Copenhagen in a three-ton Yacht, London 1889
(Der englische Originaltext wurde vom Autor G. S. ins Deutsche übersetzt.)

Tönning ist eine angenehm aussehende, altmodische Stadt mit 4.000 Einwohnern, die mehr Spuren dänischen Blutes aufweisen, als ich im Süden Schleswigs erwartet hatte. Die meisten Häuser scheinen vor etwa zweihundert Jahren gebaut worden zu sein, und viele von ihnen haben Gärten voller schöner Rosen, die jetzt in voller Blüte standen. Fast jeder, den wir trafen, sprach Englisch, aber keiner der Zollbeamten konnte es; seltsamerweise fand ich, dass dies in allen deutschen Häfen, die ich besuchte, der Fall war.

Wir betraten ein Café auf dem malerischen alten Marktplatz. Niemand außer uns war anwesend, aber bald kam eine große, zierliche und sehr gut aussehende junge Dame herein, um uns Rendsburger Bier zu servieren. Der Kapitän und ich drückten gerade unsere Bewunderung für diese sehr charmante Person aus und bemerkten die große Überlegenheit der dänischen Frauen in Bezug auf ihre Figur gegenüber ihren Schwestern in den germanischen und anderen skandinavischen Nationen, als ihre Augen in lebhafter Belustigung aufblitzten und sie mit apartem Lächeln erklärte: "Ich verstehe, was Sie sagen, meine Herren."

Ich glaube nicht, dass sie über das sehr respektvolle Lob, das wir ausgesprochen hatten, beleidigt war. Sie war die Tochter des Gastgebers, der 1864 als Offizier gegen Preußen gekämpft hatte. Sie war ein wohlerzogenes Mädchen und hatte als Gouvernante in angesehenen Familien in London und Brighton gearbeitet. Ihre englischen Freunde hatten ihr die Jubiläumsausgaben der "Graphic" und der "Illustrated London News" geschickt, die sie uns auslieh. Sie sagte, Tönning sei eine sehr ruhige Stadt, aber im Herbst würden hier mehrmals wöchentlich Dampfer mit Vieh, das in den umliegenden Marschen gemästet wurde, nach England ablegen. Aber dieser Handel, so erzählte sie uns, gehe jetzt zurück, da das Fleisch in England so billig geworden sei, dass es sich nicht mehr lohne, es zu exportieren. Das war in der Tat eine Neuigkeit für mich, und ich nahm mir vor, die Angelegenheit auf meiner Rückfahrt nach London mit meinem sehr freundlichen, aber nicht gerade billigen Metzger zu besprechen. Als wir uns widerwillig

erhoben, um uns von unserer sympathischen Gastgeberin zu verab-
schieden, führte sie uns in den Garten und überreichte uns jeweils
einen Strauß prächtiger Rosen.

Am Nachmittag suchten Wright und ich eine Metzgerei, eine
Bäckerei und ein Lebensmittelgeschäft auf, um unsere Einkäufe zu
tätigen. In jedem dieser Geschäfte wurden wir von jungen Frauen
bedient, die in London die englische Sprache erlernt hatten. Es
scheint der Brauch zu sein, dass alle Tönninger Mädchen ihre
Ausbildung in unserem Land abschließen.

Auf der Strecke zwischen Friedrichstadt und Rendsburg
passierten die beiden Reisenden mehrere kleine Dörfer, jedes mit
Fähranlegern versehen.

Die Szene war immer lebhaft und fröhlich, und ich kam bald zu
dem Schluss, dass die Eider für einen Segeltörn einer der ange-
nehmsten Flüsse in Europa ist.

Die beiden Engländer sichteten zahlreiche Störche, die sie oft
nur auf einem Bein stehend in der Landschaft beobachteten:

"Schauen Sie, Sir! Was ist das für ein großer Vogel am Ufer?", rief
Wright plötzlich. Es war ein Storch, der auf einem Bein stand und
uns mit einem Ausdruck von tiefer Melancholie anschaute. Da fiel
mir ein, dass wir uns im Land der Störche befanden, und als Schü-
ler von Hans Andersen hätte ich mich eigentlich daran erinnern
müssen. Im Laufe des Tages sahen wir noch viele dieser Vögel; sie
waren immer allein. Der Storch scheint ein sehr meditativer Vogel
zu sein, der die Einsamkeit liebt.

Auf ihren Rückreisen befuhren die Brüder Verne wie auch
Edward Knight und dessen Begleiter wieder den Kanal und die
Eider. In ihren Berichten fanden diese Passagen aber keine
weitere Erwähnung.

Die Eider-Fähre

An der am Tönninger Flussufer gelegenen Lösch- und Ladestelle, die 1877 einen Gleisanschluss erhielt, wurden die per Schiff ein- und ausgehenden Waren und Güter abgefertigt. Schon länger gab es hier eine Dampffähre, die zwischen Karolinenkoog und Tönning verkehrte.

Über diese Brücke erreichten Fahrgäste und Fuhrwerke den Fähranleger auf Tönninger Seite. Historische Ansichtskarte, um 1907

Bevor diese Fährstelle eingerichtet wurde, besaß eine weitere bei Wollersum große Bedeutung als Umschlagsplatz, insbesondere für den Ort Lunden und dessen Umland. Vor allem Getreide und Vieh wurden von hier bis nach Hamburg, Bremen und Emden verschifft. Andere im Land erzeugte Produkte, die den Weg über Wollersum nach Eiderstedt fanden, waren Hopfen, Flachs, Tuche und Heringe, denn die Dithmarscher fischten reichlich vor Helgoland.

Wollersum, etwa drei Kilometer von Tönning entfernt strom-
aufwärts gelegen, soll einmal ein großes Dorf gewesen sein, das
wegen Überflutung 1601 von seinen Bewohnern verlassen wurde.

Wollersumer Eiderpartie von Julius Fürst, um 1895

Die Taubenstation

Zur Sicherung der Schifffahrt in der Eidermündung, besonders
bei Nebel und Dunkelheit, war dort seit 1815 ein Feuerschiff stationiert. Später, als Schleswig-Holstein preußische Provinz wurde, lagen sogar zwei solcher Schiffe vor Anker – eines vor und
das andere in der Mündung. Bei Schiffsunglücken war schnelle
Hilfe erforderlich. Funkverkehr gab es damals noch nicht. So kam
die Idee auf, Tauben als Nachrichtenüberbringer abzurichten.

Nach ersten erfolgreichen Versuchen in der Eidermündung wurde 1877 in Tönning eine königlich-preußische Taubenstation eingerichtet. Bis 1893 betrieb sie ein Gastwirt. Danach leitete sie der Uhrmacher Hermann Hinrich Wohlenberg. Ihm oblag per Vertrag die Aufzucht, Einübung und Versorgung der Vögel sowie der komplette Betrieb der Station.

Am geeignetsten für den Einsatz an der Eidermündung war die Antwerpener Taube; sie war robust, ausdauernd und an der Nordsee aufgewachsen und daher mit dem Meer vertraut.

Antwerpener Tauben. Sie wurden in Tönning bevorzugt eingesetzt.

Der Uhrmacher hatte ständig eine große Zahl von einsatzfähigen Tauben vorzuhalten, musste seine Tauben regelmäßig mit einer Segeljolle zu den Feuerschiffen bringen und von dort eingehende Depeschen sofort weiterleiten. Die Nachrichten enthielten Aufträge für Lotsen, allgemeine Angaben über den aktuellen Schiffsverkehr sowie über Art und Zustand der ankommenden Schiffsladungen, damit etwa Spediteure frühzeitig Maßnahmen zur deren Löschung veranlassen konnten.

Für Notfälle lag im Hafen der Regierungsdampfer *Triton* für Rettungseinsätze bereit. Im Lauf der Jahre retteten Taubenpost und Dampferbesatzung viele Menschenleben und Schiffe. 1881 geriet eines der Feuerschiffe und deren Besatzung selbst in Seenot und wäre ohne die fliegenden Boten möglicherweise nicht gerettet worden. Um die Tauben vor Raubvögel zu schützen, versah man sie mit schrill klingenden Glöckchen. Je schneller die Tauben flogen, desto heller und durchdringender ertönten sie. Alle Tauben erhielten auf einem Flügel die Aufschrift *Station Tönning* und auf dem anderen eine fortlaufende Nummer gestempelt. Ging eine Taube verloren, wurde ihre Nummer nicht mehr geführt. 1912 stellte die Taubenstation ihren Dienst ein. Der aufkommende Funkverkehr machte den Einsatz der Vögel überflüssig.

Die Schiffbau-Ära

Die exponierte Lage Tönnings an der Eidermündung ließ die Stadt als Schiffbaustandort besonders geeignet erscheinen. 1869 wurde direkt an der Eider eine Werft gegründet. Anfänglich lag der Schwerpunkt auf Schiffsreparaturen, aber bald begann die Ausrichtung auf Neubauten. Etwa fünfzig Jahre bestand der Betrieb, der 1906 mit rund 1.600 Beschäftigten den Höhepunkt seiner Unternehmensgeschichte erlebte.

Zahlreiche Schiffe verschiedener Größen und Typen liefen hier vom Stapel. Das Unternehmen firmierte unter wechselnden Bezeichnungen und wurde schließlich von den Norddeutschen Union-Werken aus Hamburg übernommen. 1924 schloss der Betrieb endgültig seine Tore und wurde einige Jahre später abgerissen.

Zu Beginn des 20. Jahrhunderts spielte Tönning für kurze Zeit noch eine wichtige Rolle im internationalen Seehandel. Die Hamburger Reederei F. Loesener-Sloman & Co. gründete 1905 eine *Tönning-Australien-Linie*, die Frachttransporte von Tönning nach Melbourne und Sydney ausschließlich mit Segelschiffen durchführte.

Besatzung der Bark *Professor Koch*. Der Segelfrachter gehörte zur Tönninger Australien-Linie. Aufnahme von 1906.

Eines ihrer Schiffe, die Bark *Hyon,* segelte 1906 mit einer Ladung von über tausend Tonnen, bestehend aus Bauholz, Pianos und Spielsachen, nach Australien. Die sieben eingesetzten dreimastigen Segelfrachter besaßen ein Fassungsvermögen zwischen 1100 und 1700 Bruttoregistertonnen. Der Schiffslinie hatte allerdings nicht lange Bestand. Die zu ihrer Flotte gehörende Bark *Nordland* strandete im Dezember 1906 vor den Shetland-Inseln. Danach hatte die Reederei offenbar keine Schiffe mehr von Tönning nach Australien geschickt und ihre Linie eingestellt.

Vom Leben im Hafen *

In den 1870er und 1880er Jahren herrschte auf der Eider, auf dem Eider-Kanal und in Tönning lebhafter Schiffsverkehr. Jeden Tag machten Dampfer und Segelschiffe im Hafen fest oder ankerten auf der Eider außerhalb der Stadt. Sie kamen aus vielen Ländern, sogar aus Amerika. An der Apfeltreppe vor dem Hotel *Viktoria* legten die Ewer aus den Vierlanden mit Äpfeln und Gemüse an, ein Stück weiter die Blankeneser mit Fisch, im Torfhafen zwischen Brücke und Schleuse, die Torfschiffe und vor dem großen Speicher die Getreideschiffe.

Draußen auf der Eider an der Brücke löschten englische Kühlschiffe ihre Ladung, seit den 1850er Jahren ebenso die zahlreichen Ochsendampfer. Der Hauptverkehr kam jedoch vom Eiderkanal. Um 1870 zählte ein alter Tönninger an einem Tag 120 Schiffe auf der Eider, überwiegend Segelfrachter, die durch den Kanal oder zur Nordsee wollten.

---

* Nach der Erzählung *Tante Gröhn* von August Geerkens, in: *Für den Feierabend*, Beilage der *"Eiderstedter Nachrichten"* Nr. 9, 1938

TÖNNING   Am Hafen

Anlegestelle vor dem Hotel *Viktoria* (links im Bild), rechts das Schifferhaus,
das einst eine Navigationsschule beherbergte. Um 1915

Tönninger Kaufleute und Schlachter versorgten die Schiffe mit
Proviant, und in den Wirtshäusern am Hafen und auf der
Neustadt ging es hoch her. Im Schifferhaus befand sich im oberen
Stockwerk ein Saal, wo zu einem Leierkasten oder einer Harmo-
nika getanzt wurde. Ein anderer Tanzsaal lag in der Neustadt. Er
war unter dem unrühmlichen Namen *Knochensaal* bekannt, weil
es hier oft wüst zuging und Schlägereien an der Tagesordnung
waren. Auf der Neustadt und im Kattreppel konnten sich die
Schiffsbesatzungen noch in vier weiteren Sälen amüsieren. Am
Hafen luden damals insgesamt neun Wirtshäuser zu einem
Besuch ein.

Stadtbewohner mieden den Hafen, weil es hier zu rau zuging.
Ein Lokal, deren Wirtin die Gäste liebevoll *Tante Gröhn* nannten,

war ein positive Ausnahme. Die Wirtshausbesitzerin war dafür bekannt, dass sie sich um die Seeleute, die ja kein wirkliches Zuhause besaßen, mütterlich kümmerte. Sie pflegte Kranke, redete den Seemännern ins Gewissen, mit ihrem sauer verdienten Geld sparsam umzugehen und auf ihre äußere Erscheinung und gutes Benehmen zu achten. Sie wurde von den Männern respektiert, genoss hohes Ansehen und blieb vielen Seeleuten in angenehmer Erinnerung.

Im Speicher (links im Bild) wurden Handelsgüter und -waren gelagert, deren Ein- und Ausgänge Beamte vom Hauptzollamt (rechts) kontrollierten. Die Aufnahme entstand um 1900

Eine weitere Stadt und viele Dörfer

Veränderungen, die es zu allen Zeiten gab, vollzogen sich vor allem in den Dörfern sehr langsam und über mehrere Generationen. Im 19. Jahrhundert verliefen sie jedoch in vielen Bereichen des Lebens rasant. Die industrielle Revolution erfasste den europäischen Kontinent und führte zu einer tiefgreifenden Umgestaltung der wirtschaftlichen und sozialen Verhältnisse. Auch auf der Halbinsel Eiderstedt, deren Bewohner fast ausschließlich von der Landwirtschaft lebten, vollzog sich dieser Wandel. Auf den Höfen und auf den Feldern kamen immer häufiger Maschinen zum Einsatz, Segelschiffe wurden von Dampfern verdrängt, erste Industriebetriebe, Gasanstalten und Elektrizitätswerke, Bahnverbindungen und asphaltierte Straßen entstanden, die Telegrafie ermöglichte schnelle Nachrichtenübermittlung und die Fotografie machte den Malern Konkurrenz. Auch der zunehmend einsetzende Tourismus, den die verbesserten Verkehrsverhältnisse erst ermöglichten, war Teil dieses Umbruchs.

Eine Vorstellung über die Lebensverhältnisse der Eiderstedter Bevölkerung in den 1830er und 1840er geben die Berichte der beiden dänisch-deutschen Offiziere Johannes von Schröder (1793 – 1862) und August von Baggesen (1795 – 1865), die in umfangreichen Werken veröffentlicht wurden. * Die Autoren beschreiben die damaligen Strukturen der einzelnen Dörfer und Städte der Halbinsel und geben Auskunft darüber, wovon deren Bewohner lebten.

---

* Johannes von Schröder: Topographie des Herzogthums Schleswig. Oldenburg in Holstein 1837; August von Baggesen: Der dänische Staat, oder das Königreich Dänemark mit dessen Nebenländern und den Herzogthümern Schleswig, Holstein und Lauenburg, geographisch und statistisch dargestellt. Kopenhagen 1845

Die wirtschaftlichen Zentren im Osterteil – der einstigen Insel Eyderstede – bildeten die Hafenstadt Tönning, die bereits an anderer Stelle beschrieben wurde, und das städtisch anmutende Dorf Oldenswort. Im Westerteil, den die ehemaligen Inseln Everschop und Uthholm bildeten, nahmen die Stadt Garding und das Dorf Tating diese Stellung ein.

Garding

Der 1590 zur Stadt erhobene Ort Garding, begünstigt durch die Kanalverbindung mit der Nordsee und seinen Hafen, wurde zu einem wichtigen Verkehrs- und Handelszentrum auf der Halbinsel. Die reichen Ernten an Getreide und Raps, heimische Erzeugnisse wie Käse, Butter, Honig und Schafswolle wurden von hier in großen Mengen verschifft. Über vier Jahrhunderte blühte der Handel in dieser Stadt.

Garding zu einer Zeit, als noch Pferde und Kutschen das Straßenbild beherrschten. Darstellung eines unbekannten Malers, undatiert.

Die Süderbootfahrt besaß eine Verbindung mit der Norderbootfahrt, die von Tetenbüll bis nach Tönning führte. Preußische Landesaufnahme, 1878

Noch 1886 verzeichnete *Leuchs Adress-Buch* hier zwölf Gasthöfe, drei Hotels, fünf Banken, mehrere Fuhrwerkbesitzer und Fahrradhändler, ein Elektrizitätswerk, vier Arztpraxen (darunter eine Tierarztpraxis), eine Apotheke, ein Amtsgericht und eine Zollstation mit mehreren Beamten. Auch produzierendes Gewerbe war zahlreich vertreten: zwei Mühlen, sechs Bäckereien, fünf Konditoreien, eine Kalkbrennerei, eine 1758 erbaute Ölmühle, eine Seilerwarenfabrik, ein Betrieb für die Fertigung von Vieh- und Pferdedecken, eine Tabak- und eine Likörfabrik, mehrere kleine Bierbrauereien sowie je ein Drechsler, Korbmacher und Böttcher, zwei Pantoffelmacher und ein Photograph. Seit 1864 existierte in der Stadt auch eine Buch- und Zeitungsdruckerei. Der Verlag H. Lühr & Dircks gab neben heimatbezogener Literatur dreimal in der Woche, später täglich, die *Eiderstedter Nachrichten* heraus. Bis zur Jahrhundertwende wuchs die Wirtschaftskraft der Stadt noch weiter an. Das Husumer Adressbuch von 1900 vermerkt nun sechs Bankgeschäfte, 21 Gast- und Schenkwirtschaften, vier Möbelhandlungen, 19 Landwirte und Hofbesitzer, neun Tischler und fünf Zimmermeister. Auch einen Nachtwächter gab es (zuvor waren noch zwei angestellt gewesen), der im Nebenberuf Korbmacher war. Zwei Goldschmiede, die sich hier inzwischen niedergelassen hatten, lassen vermuten, dass manche Bewohner der Stadt und des Umlandes ziemlich vermögend waren. Sechs Konzert- und Balllokale und vier in Garding ansässige Berufsmusiker bildeten eine beachtliche Präsenz bei einer Einwohnerzahl von knapp 1.800.

Der Marktplatz von Garding. Undatierte Zeichnung, vermutlich 17. Jh.

Für die Versorgung der Bewohner des Westerteils und den Absatz der in ihm erzeugten landwirtschaftlichen Produkte wie Getreide, Raps, Bohnen, Schafwolle und Federn war der Hafen von existentieller Bedeutung, da Wege und Straßen auf Eiderstedt bis Ende des 19. Jahrhunderts nur unzureichend ausgebaut waren. Über die Süderbootfahrt und den Gardinger Hafen wurden beträchtliche Mengen an Bauholz und Brennmaterial, vorzugsweise Torf, eingeführt, da auf der Halbinsel so gut wie keine Bäume wuchsen und keine Moore vorhanden waren.

Die Enge Straße, gezeichnet um 1860. Druck von H. Lühr & Dirks, Garding

Die selbe Straße mit vielen Geschäften, fotografiert um 1910

Die Osterstraße, 1912

Eine Wohnstraße in Garding in den 1920er Jahren.

Über der Stadt thront der Turm der St.-Christians-Kirche. 1950er Jahre

Jeden Dienstag war Markttag, an dem nicht nur Waren verkauft, sondern auch für den täglichen Bedarf eingekauft wurde. Der Viehhandel war hier nicht unbedeutend, obgleich der viel größere Markt für die Tiere in Husum lag.

Gewöhnlich wurde in Garding der Handel mit Korn und Raps an Hand von Proben abgeschlossen. Wurden die Parteien sich einig, lieferten die Bauern später aus ihren Vorratslagern direkt an die Käufer. Das waren meistens *Agenten*, die für fremde Auftraggeber den Handel abwickelten.

Noch bis zu Beginn des 20. Jahrhunderts wurde in der Erntesaison jeden Sonntagvormittag, später auf den Dienstag verlegt, nahe der Kirche ein Gesindemarkt abgehalten, auf dem Tagelöhner den Bauern ihre Arbeitskraft anboten. Von überall kamen die Männer her und suchten nicht nur in Garding, montags auch auf einem solchen Markt in Tönning, Dienstherren, die sie einstellten. Fast jeder Bauer auf Eiderstedt war auf die Hilfe von Tagelöhnern, Knechten und Mägden angewiesen. Diese Arbeitskräfte vermieteten sich gegen Lohn und Unterkunft für eine bestimmte Zeit. Im Sommer arbeiteten sie von Sonnenaufgang bis Sonnenuntergang, im Winter nach ortsüblichen Vorgaben. Arbeitsfreie Zeit gab es praktisch nicht. Abends beschäftigten sich die Mägde etwa mit Handarbeiten und die Knechte mit der Werkzeugpflege und Reparatur von Geräten. Der sonntägliche Besuch des Gottesdienstes war die einzige wirklich arbeitsfreie Zeit für sie.

Der aus Hinterpommern stammende Landarbeiter Franz Rehbein (1867 – 1909) hat diese Märkte auf Eiderstedt und Dithmarschen selbst erlebt und beschreibt sie in seinem 1911 veröffentlichten Buch "Das Leben eines Landarbeiters":

Auf diesen Menschenmärkten stehen ... die Arbeitsuchenden in zwanglosen Gruppen, je nach der Saison in größerer oder geringerer Zahl mit ihren Tagelöhnerpfeifen im Munde und warten der Dinge, die da kommen sollen. In der Zeit Ernte, wenn auch von der Geest oder aus Mittelholstein, wohl auch gar aus dem Schleswigschen die Erntearbeiter in Scharen anrücken, steigt die Zahl der Arbeitsuchenden zeitweilig auf mehrere Tausende. Neulinge, die solch Schauspiel zum ersten Male sehen, wissen in der Tat gar nicht, was hier eigentlich los ist; sie können sich das bis dahin Ungewohnte kaum zusammenreimen, daß hier über die Arbeitskraft des Menschen regelrecht börsenmäßig gehandelt wird, wie man über den Wert von Nutztieren handelt. Doch es geschieht.

Außer den Tagelöhnen wurden auf diesen Märkten auch die Akkordlöhne für Kleiungs- und Grabenarbeiten, fürs Mähen und Kornhauen und andere Konditonen festgelegt.

Katingsiel

Einst soll der Ort, der damals direkt an der Eidermündung lag, nur aus Fischerkaten bestanden und daher seinen Namen erhalten haben. 1834 sind hier eine Kirche, eine Distriktsschule mit neunzig Schülern, je zwei Schmiede und Dachdecker, je drei Zimmerleute und Maurer, je vier Schuster und Schneider sowie ein Weber verzeichnet. Bemerkenswert ist, dass es in diesem Kirchspiel, zu dem auch Rickelsbüll und mehrere einzelne Hofstellen gehörten, fünf Armenhäuser gab, in denen insgesamt acht Familien untergebracht waren. Demnach muss unter den Bewohnern damals große Armut geherrscht haben.

Von vitaler Bedeutung für den Ort war die Schleuse und sein kleiner Hafen, beide 1612 zusammen mit der Süderbootfahrt erbaut. Über den etwa sechs Kilometer langen, mit sechs Brücken versehenen Kanal war Katingsiel mit Garding verbunden. Lastkähne, die auf der schmalen Wasserstraße kaum gesegelt werden konnten, wurden an Leinen zu ihrem Bestimmungsort gezogen.

Schleuse und Kanal in Katingsiel. Rechts die 1668 erbaute Schankwirtschaft Andresen, die gleichzeitig Poststation war, links das einstige Zollhaus. Um 1934

Typischer holländischer Segelfrachter jener Zeit. Solche Schiffe dürften einst auf der Süderboot-fahrt getreidelt worden sein.

Von den Eiderstedtern benötigte Waren – Bauholz, Brennstoff, Kolonialwaren, Haushaltsbedarf und holländischer Rohtabak in Fässern für die Gardinger Tabakfabrik – und Ausfuhren eider-stedtischer Agrarerzeugnisse wurden mal in die eine, dann in die andere Richtung befördert. Nachdem 1892 eine Bahnverbindung von Tönning nach Garding eröffnet worden war, verlor der Hafen von Katingsiel an Bedeutung. 1906 legte hier das letzte Handels-schiff an.

Tating

Das Kirchdorf wurde ebenso wie Garding auf einer sandigen Anhöhe erbaut. Mitte des 19. Jahrhunderts wurden hier noch 31 Haubarge und 24 kleinere Höfe bewirtschaftet. Die beidseitig verlaufenden Häuserzeilen in der Hauptstraße verliehen dem Ort städtischen Charakter. Die meisten dieser Häuser waren mit Dachpfannen eingedeckt, nur wenige mit Reet. Das Dorf hatte (zusammen mit der Einöde Süderdeich) etwa 1.300 Einwohner und wies eine Kirche, eine Hauptschule und eine Elementarschule, zwei Mühlen, drei Wirtshäuser und ein Armenhaus auf. Verschiedene Handwerksberufe waren vertreten, darunter ein Uhrmacher, drei Schuster, sechs Schneider und vier Weber.

Die Hauptstraße des Dorfes mit ihren Häuserzeilen, um 1910
Unten: Preußische Landesaufnahme, 1878

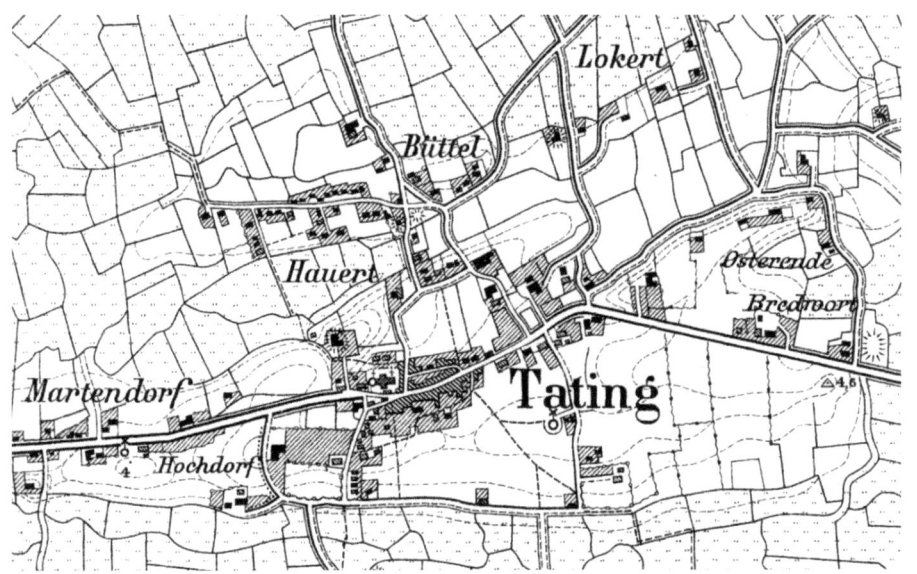

Unter den zahlreichen Haubargen ragten wegen ihrer Größe
und Prächtigkeit besonders zwei heraus – die Höfe Hamkens
und Hochdorf. Im 19. Jahrhundert war der imposante Hamkens-
Hof im Besitz von Peter Hamkens (1790 – 1863), einem Groß-
grundbesitzer, dessen Vorfahren vermutlich aus der niederländischen Provinz Groningen stammten. Er war Ratmann, ein hohes
Ehrenamt auf Eiderstedt, das nur von Grundbesitzern bekleidet
werden konnte. Auf seinen Weiden ließ er Magervieh, Pferde und
Schafe grasen. Das Magervieh kaufte er manchmal in Jütland
selbst ein und verkaufte es wieder, wenn es gut gediehen war. In
den 1850er und 1860er Jahren beteiligte er sich an den Vieh-
transporten von Tönning nach London. Neben der Fettgräsung
betrieb er auch Ackerbau, baute vor allem Weizen und Bohnen
an, wobei er immer wieder mit langanhaltenden Dürren und
Mäuseplagen zu kämpfen hatte. Er war geschäftlich so erfolgreich, dass er vier seiner fünf Söhne einen Hof und dem fünften
ein Geschäft in Tönning übergeben konnte.

69

Haubarg Hamkens
Unten: Haubarg Hochdorf

Den Haubarg Hochdorf ließ der Ratmann Matthias Lorentzen 1764 zusammen mit einer großzügigen Gartenanlage im Barockstil errichten. Das Gebäude war ursprünglich 45 Meter lang, 22 ½ Meter breit und besaß eine Grundfläche von tausend Quadratmeter.

Heuwiese bei Tating. In der Bildmitte ragt die St. Magnus-Kirche hervor.

Oldenswort

Caspar Hoyer (1540 – 1594), der damals oberste landesherrlicher Beamte in Eiderstedt und Erbauer des prächtigen Landsitzes Hoyerswort, setzte viel daran, den Ort zur Stadt erheben zu lassen. Doch die Städte Garding, Tönning und Friedrichstadt lagen zu nahe. Eine weitere, mit ihnen konkurrierende Stadt hätte die Entwicklung der bestehenden Zentren beeinträchtigt. Oldenswort erhielt jedoch bis zum Jahr 1800 Fleckengerechtigkeit, die mit einigen städtischen Privilegien und dem Marktrecht verbunden war. Ein Feuer vernichtete 1784 den größten Teil des Dorfes, das aber bald wieder aufgebaut werden konnte.

Das Herrenhaus Hoyerswort. Zeichnung von Otto C. Fikentscher, 1864

Die Einwohner lebten überwiegend von Viehzucht und Ackerbau. 1834 gab es im Dorf eine Haupt- und eine Elementarschule, acht Krüger und einen Bierbrauer. Für die Ernährung der Bevölkerung sorgten drei Schlachter, zwei Bäcker und fünf Höker. Der Fischfang in der Eider sowie in den Sielzügen und Gräben war für alle Bewohner frei.

Ein nordwestlich von Oldenswort gelegener Ortsteil trug die Bezeichnung *Spreenfang*. Der Name deutet darauf hin, dass hier vormals viele Stare gefangen wurden. Bestimmte Vogelarten galten früher als besondere Delikatesse. Eiderstedter Finkenjäger sollen der Husumer Schlossküche regelmäßig ihre Fänge geliefert haben.

Vögel, insbesondere Wacholderdrosseln (Krammetvögel), Stare (Spreen) und Finken, waren früher eine billige Volksnahrung. Sie wurden massenhaft gefangen und auf den Wochenmärkten angeboten. Das Foto zeigt einen Vogelfänger, der sich mit Beute und Ausrüstung auf den Heimweg macht.

Mehl, Graupen und Grütze lieferte eine Holländermühle und Speiseöl aus Raps- und Rübsamen eine Ölmühle, die am östlichen Ortsrand stand. Sechs Schuster, drei Schneider und vier Weber fertigten Schuhe, Kleider und Stoffe. Zeitweise versah auch ein Arzt hier seinen Dienst. Da eine Apotheke fehlte, versorgte ein Höker Erkrankte mit Arneimitteln. In der Erntezeit wurden hier an Sonntagen auch Gesindemärkte abgehalten.

Eine Besonderheit des Dorfes stellte das Werkhaus dar, ein Armenhaus, wie es in vielen anderen Dörfern und Städten seinerzeit existierte. Das 1787 erbaute Werkhaus, finanziert und unterhalten von einer Stiftung, die der in Oldenswort geborene dänische Etatsrat Johan Samuel Augustin (1715 – 1785) ins Leben gerufen hatte. Es diente nicht nur als Unterkunft für Arme, sondern besaß auch eine Werkstatt, in der seine Bewohner spinnen, stricken, weben, nähen und Flechtarbeiten mit Stroh und Binsen ausführen mussten. Für die Kinder der Armen war zusätzlich eine Industrieschule eingerichtet, die handwerkliche Fertigkeiten vermittelte.

Eine schmale Wasserstraße verband Oldenswort mit der Eider bei
Rothenspieker. Preußische Landesaufnahme, 1878

Oldenswort, das über Sielzüge und einen Altarm der Eider mit
der Harbleker Schleuse und einem dort befindlichen Hafen verbunden war, besaß Mitte des 19. Jahrhunderts etwa 1.200 Einwohner. Zum Verwaltungsgebiet des Kirchspiels Oldenswort gehörten außer dem Dorf selbst die Orte Harblek, Osterende,
Moordeich, Offenbüllerdeich, Gunsbüttel, Tofting, Süderdeich,
Hemme, Langhemme, das adelige Gut Hoyerswort, ein Teil des
Süderfriedrichskooges sowie mehrere verstreut liegende Hofstellen.

74

Die Mühle *Catharina* fungierte als Ölmühle. Sie wurde 1786 erbaut und existiert als Denkmal geschützt noch heute. Um 1930

Mehrere Höker wie Kaufmann Wilhelm Boyens versorgten die Dorf- und Umlandbewohner mit Lebensmitteln und Haushaltswaren. Das Haus links davor war eine Wagenlackiererei. Um 1900.

Belebte Dorfstraße mit dem Gasthof von Joh. Schwark, ganz rechts, 1908.
Unten: Beschaulicher war das Leben am Osterende. Der große Gemüsegarten
zeugte von einem hohen Grad der Selbstversorgung. Um 1914

Die Schenkwirtschaft *Zur Post* von Wilhelm Weigang war gleichzeitig
Postagentur, deren Sendungen vom Briefträger auf dem Dienstfahrrad
zugestellt wurden. Historische Ansichtskarte von 1926

Der kaiserliche Postbote

Der in Oldenswort geborene Heimatforscher August Geerkens
(1874 – 1964) erinnerte in einem Zeitungsaufsatz * an den Post-
boten Frie Wulff in seiner blauen Uniform mit blanken Knöpfen
und Mütze, der zur Kaiserzeit regelmäßig die Zeitung und Briefe
auf den elterlichen Hof nach Schlapphörn brachte. Als Eiderstedt
noch zu Dänemark gehörte, gab es hier noch keine Postzustel-
lung. Die Leute mussten sich ihre Briefe selbst von der Postagentur abholen. In der Stadt war das leicht, auf dem Land

jedoch schwierig. Oft erfuhr man nur zufällig, dass in der Post-stelle ein Brief vorlag. Dann musste man sich auf den Weg machen.

Jeden Tag, außer sonntags, machte er nicht mit einem Dienst-rad, sondern zu Fuß seine Tour, die ihn von Tönning nach Hemmerdeich, von dort über Tofting und Schlapphörn wieder nach Tönning zurückführte. Im Sommer bei schönem Wetter war die Strecke wohl recht angenehm zu laufen, obwohl seine schwarze, lederne Posttasche schwer wog. Meistens gegen Mittag kam er mit geöffnetem Rock und Mütze in der Hand die Warft hoch, wischte sich den Schweiß aus der Stirn und ruhte sich eine Weile auf der Sonnenbank neben der Tür aus, wo man bereits auf ihn wartete, denn er wusste immer allerhand Neues zu erzählen. Im Herbst und Winter war seine Tour oft beschwerlich, hatte er sich doch durch matschige Wege zu kämpfen und volle Gräben zu überwinden. Er kam in all den Jahren immer zuverlässig in Schlapphörn an, auch wenn er unterwegs häufig Schuhe und Strümpfe ausziehen musste. Bei den Geerkens erhielt er ein heißes Getränk und durfte sich erst mal aufwärmen. Frie Wulff wurde in allen Häusern als Freund behandelt und gehörte quasi zur Familie. Sein Gehalt war bescheiden; nur zwei Mark pro Tag zahlte ihm die kaiserliche Post. Einladungen zum Mittagessen nahm er gern an. Im Sommer gab ihm die Familie Geerkens mal ein junges Huhn, eine Flasche Saft und im Herbst ein Stück Fleisch oder ein paar Würste von der Hofschlachtung mit. Das war keine Beamtenbestechung, sondern eines Dankesgabe dafür, dass er der Familie oft Dinge aus der Stadt mitbrachte, um die sie ihn hin und wieder bat.

----

* August Geerkens: Unse Postbaad (Unser Postbote), in "Am Feierabend", Sonderbeilage der "Nordfriesische Nachrichten", Husum 6. April 1959

Harblek und Hemme

Die etwa zwei Kilometer südöstlich von Oldenswort gelegene Siedlung Harblek bestand nur aus einigen Höfen und einer Gastwirtschaft. Als an der 1854 eröffneten Bahnstrecke von Husum nach Tönning der Ort eine Haltestelle bekam und sich hier und im Nachbarort Hemme drei Ziegeleien ansiedelten, wuchs die Bedeutung beider Orte, nicht zuletzt auch durch deren Anbindung an den Hafen von Rothenspieker. Im 14. Jahrhundert sollen die Bewohner von Hemme, deren Häuser direkt hinter dem Eiderdeich lagen, recht wohlhabend gewesen sein. Das Dorf besaß im 19. Jahrhundert die größte Distriktsschule im Kirchspiel.

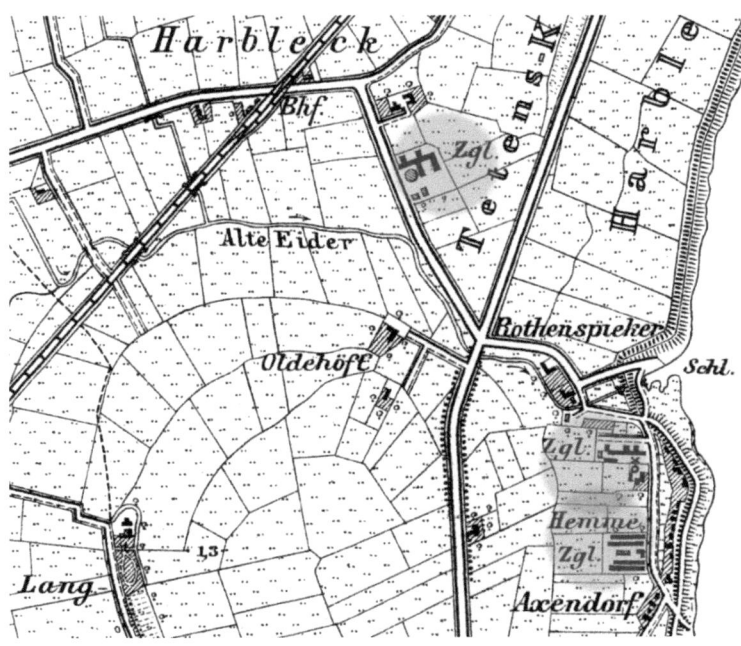

Preußische Landes-aufnahme, 1878

79

Häuser in Harblek und ihre Bewohner, um 1914
Unten: Das Kolonialwarengeschäft Thomsen. Im Hintergrund ist die
Mühle *Catharina* erkennbar.

Häuser am Hemmerdeich. Ansichtskarte, undatiert

Kinder aus Hemme im Kriegsjahr 1942

Erstklässler bei ihrer Einschulung in Hemmerdeich, 1954.

Rothenspieker

Dieser Ort spielte einst für die Einfuhr von Torf und die Ausfuhr von Ziegeln und Landesprodukten eine wichtige Rolle. Auf einer alten Landkarte ist hier in der Eider eine Stelle als *Stintfang* verzeichnet. Vermutlich wurden hier früher viele Stinte gefangen. Die kleinen, wenig ergiebigen Fische kamen vor allem bei ärmeren Leuten gebraten auf den Tisch.

August Geerkens verfasste 1944 für die *Husumer Nachrichten* einen Artikel über diesen Ort. Der folgende Text ist eine Zusammenfassung seines Aufsatzes. Wörtliche Zitate sind kursiv gesetzt.

Rotenspieker besaß früher einen Hafen, einen großen im Jahr 1797 erbauten Speicher für Korn und Raps, eine Kalkbrennerei und eine Gastwirtschaft, die mit ihrem schattigen Garten und ihren hübschen Lauben nicht nur Schiffer, sondern auch viele Einheimische anzog. Für die Kalkbrennerei wurden in der zweiten Hälfte des 19. Jahrhunderts Kalksteine per Schiff aus Schweden bezogen. Rotenspieker erlebte als Hafen und Gewerbeplatz seine Glanzzeiten während der Napoleonischen Blockade. Nach ihrer Aufhebung ging der Getreidehandel stark zurück. Als Mitte der 1860er Jahre in Harblek eine große Ringofenziegelei entstand, herrschte auf dem Rotenspieker wieder viel Betriebsamkeit.

In dem geräumigen Keller des hochgelegenen Hauses ... betrieb [der Kornmakler] *Kuhrts ... eine Brauerei, hier saß auch die Backstube, so dass für alles gesorgt war.*

Die in der Ziegelei hergestellten Mauersteine und Dachziegel wurden von hier bis nach England verschifft. Aber wegen des rückläufigen Getreide- und Rapshandels wurde der Hafen, der damals über fünfzehn Schiffen Platz bot, auf sechs Liegeplätze verkleinert. Als in den 1890er Jahren der Ziegelei- und Kalkofenbetrieb eingestellt wurde, hörte der Schiffsbetrieb fast ganz auf.

Jetzt kamen nur noch die Torfschiffe von der Geest und hökerten ihren Inhalt aus. Hier haben wir vom Hofe jahrelang unseren Brenntorf geholt. Nach und nach verfiel der Hafen. ... Die Hafenrinne ist nur noch Außenpriel der Schleuse.

Uelvesbüll

Ursprünglich soll dieser Ort ein Teil der einst großen Insel Nordstrand gewesen und durch Sturmfluten von ihr getrennt worden sein. 1835 gehörten zum Kirchspiel Uelvesbüll die Siedlungen Barnekemoor, Norderfriedrichskoog und ein Teil des Adolphskooges mit insgesamt hundert Wohnhäusern, darunter zwölf Haubarge. Zu ihnen zählte der *Rote Haubarg*, eines der größten Bauwerke seiner Art auf Eiderstedt. Es gab im Ort eine Mühle, eine Distriktsschule und drei Wirtshäuser, die zerstreut im Kirchspiel lagen.

Blick auf Uelvesbüll und die 1854 neu erbaute Nikolaikirche.

Diese aus 22 Häusern bestehende Siedlung wurde auf dem Porrendeich errichtet, wo sie vor Überschwemmungen geschützt war. Landarbeiter, Fischer und ihre Familien bewohnten die einfachen, aber soliden Reetdachhäuser. Aufnahme des Fotografen Theodor Möller, um 1900.

Theodor Möller (1873 –1953), Volksschullehrer, Heimatforscher und Fotograf aus der Kieler Gegend, schrieb zu dem obigen Bild in seinem 1912 erschienenen Buch *Das Gesicht der Heimat*:

Am Porrendeich liegen die Miniatur-Haubarge der kleinen Leute ... wie auf einer Schnur aufgereiht. Das ausgefranste Dach hängt ihnen tief herab, die Tür hängt schief in den Angeln, und aus der Oeffnung quillt dir zweimal am Tag der Dunst von gebratenem Speck entgegen. Die Schrägung des Deiches, auf dem sie liegen, hat keine Spur von Graswuchs mehr aufzuweisen, es tummeln sich hier Kinder, Enten, Hühner und Ferkel bunt durcheinander. Jedes geht seiner Lieblingsbeschäftigung nach: die Enten gründeln am Wehl oder in den Pfützen, die Hühner gackern und scharren, die Ferkel wühlen im Schmutz, und die Kinder suchen es ihnen gleichzutun.

Mit Vorliebe aber rutschen sie auf ihrem Hosenboden die Schrä-
gung des Deiches hinab. Davon insonderheit mag der alte Deich so
glatt geworden sein.

In den Häusern lebten häufig kinderreiche Familien, die oft nur mit einer winzigen Küche und zwei kleinen Stuben auskommen mussten. Einer der früheren Bewohner, ein Landarbeiter, erzählte von bitterer Armut. Im Winter, wenn es wenig Arbeit gab, ließen die Familien für das Nötigste beim Höker anschreiben und bezahlten ihre Schulden im Sommer. Um zu den kargen Tagelöhnereinkünften etwas hinzuzuverdienen, fischten die Bewohner der Siedlung mit einem Schiebenetz in den Prielen Krabben bis in den November hinein. Dabei reichte ihnen das kalte Wasser oft bis über die Hüfte. Die Krabben, die man hier Porren nannte, boten die Frauen und Kinder dann den Bauern und Dorfbewohnern an. Nicht selten liefen sie in ihren Holzpantinen bis nach Koldenbüttel, um auch dort ein paar Tassen voll Krabben zu verkaufen. Durch den Nebenerwerb der Katenbewohner soll die Siedlung zu ihrem Namen gekommen sein. *

Der Rote Haubarg.

Fotografiert von Theodor Möller um 1920

---

* Nach Angaben von Ludwig Fischer in seinem Aufsatz: *Porren! Porren!* auf der Webseite www.igbaupflege.de

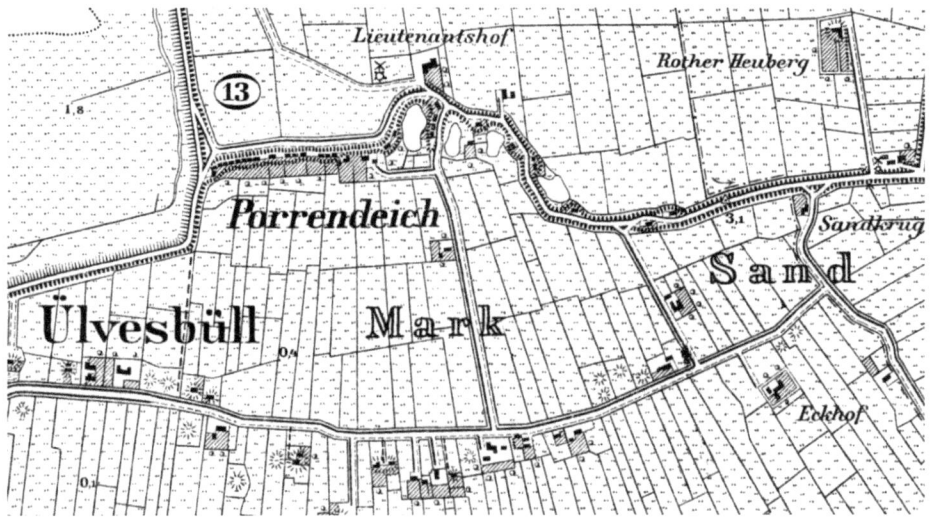

Die Siedlung Porrendeich lag früher fast direkt am Heverstrom, wie diese Karte von 1878 zeigt. Ein später vorgesetzter Deich bot höheren Schutz.

Tetenbüll

Das Kirchspiel umfasste ein großes Verwaltungsgebiet, in dem um 1835 ein Schulhaus, 52 Haubarge, 224 Häuser, zwei Wirtshäuser, zwei Graupenmühlen, eine Hebammenwohnung und ein Armenhaus gezählt wurden. In Sturmfluten verloren zahlreiche Bewohner des Kirchspiels ihr Leben. 1436 ertranken hier 280 Menschen und 1634 über 500. Zum Kirchspiel gehörten mehrere Hofstellen, darunter Kaltenhörn, Warmhörn und Wulfsbüll, sowie mehrere Köge, darunter der Wasserkoog. Dieser wurde im Jahr 1617 eingedeicht und mit einem Hafen versehen, der für die Korn- und Viehausfuhr bedeutsam war.

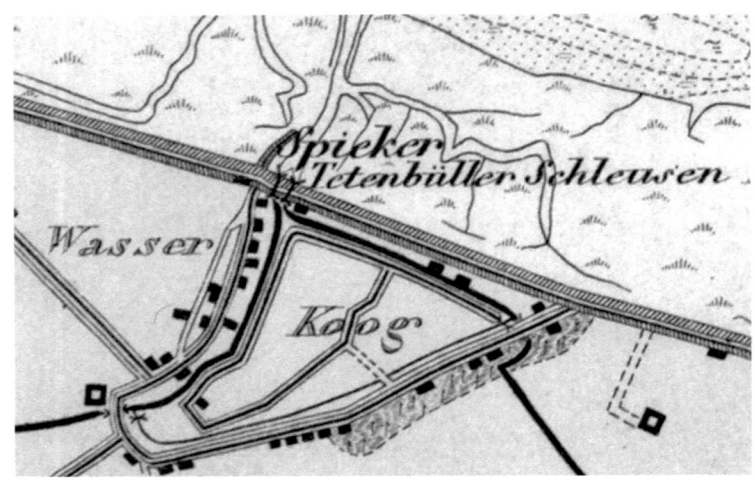

Der Wasserkoog und die gleichnamige Siedlung (Karte von 1861). In den 1960er Jahren wurde der Schutzdeich durch einen neuen Außendeich zum Binnendeich.

Das Speicherbecken im Wasserkoog. Aufnahme von 1930

Auf dem einstigen Seedeich stand dieses 1750 erbaute Wirtshaus, der *Teten-büll-Spieker*. Es diente zugleich als Zollstation. Ansichtskarte von 1905

Der heutige Hafen Tetenbüllspieker vor dem Everschop-Siel

Westerhever

Das Kirchspiel Westerhever, das aus mehreren zerstreut liegenden Hofstellen und Siedlungen bestand, war einst Teil der untergegangenen Insel Uthholm. Um 1840 waren hier 18 Höfe, 85 Häuser, je eine Haupt- und Distriktsschule, eine Windmühle und zwei Wirtshäuser verzeichnet.

Das Kirchspiel Westerhever. Karte von 1861

Manche der hier ansässigen Bauern gelangten durch Viehzucht und Ackerbau zu ansehnlichem Wohlstand. Viele arme Familien verdienten sich ihren Lebensunterhalt mit Lohnarbeit in der Landwirtschaft und im Deichbau sowie mit Fischfang.

Seeräuber, die sich ihrer Kühnheit wegen Wagemänner nannten, erbauten und bewohnten im 14. Jahrhundert in Westerhever eine Burg. Durch die Meeresnähe war sie eine günstige Ausgangsbasis für ihre Raubzüge. 1370 wurde die Burg von "den Bewohnern des Strandes und der Dreilande" erobert und anschließend zerstört. Die Seeräuber wurden hingerichtet.

Die Wage- oder Wogemannsburg soll einst hier gestanden und aus dem Abrissmaterial an gleicher Stelle das Pastorat erbaut worden sein..
© Roland Reckziegel

Blick auf Westerhever um 1900. Die St.-Stephanus-Kirche diente Seefahrern als Wegmarke. Diese Funktion besaßen viele der insgesamt 18 Eiderstedter Kirchen, ehe Leuchtturmlicht eine bessere Orientierung gab .

Der 1906 errichtete Leuchtturm Westerheversand steht auf einer vier Meter hohen Warft, in die 127 Eichenpfähle versenkt wurden, um das Gebäude standfest zu machen.

Die einzelnen Hofstellen von Westerhever liegen, umgeben von eigenen Ländereien, zerstreut in der Region.

Reetdachkate in Stufhusen, ein Ortsteil von Westerhever.
Zeichnung von Margareta Erichsen, 1988

Die Fischerei

Das Eiderstedter Wappen weist in seiner Symbolik darauf hin, dass die Bewohner der Halbinsel schon immer von der Landwirtschaft, der Schifffahrt und vom Fischfang lebten.

Die drei Koggen stehen für die früheren Inseln Uthholm, Everschop und Eyderstede. Das Wappen entstand 1613 aus Anlass der Entstehung des Dreilandenkooges, der die drei Inseln verband.

Die Eidermündung, der Heverstrom und die Nordsee waren früher sehr fischreich, und so war es für die Küstenbewohner naheliegend, den Reichtum dieser Gewässer zu nutzen. Der Gezeitenwechsel, schwierige Wetterbedingungen, starke Strömungen und der Mangel an geschützten Häfen und küstennahen Absatzmöglichkeiten wirkten sich nachteilig für die Entwicklung einer Berufsfischerei an der nordfriesischen und Dithmarscher Küste aus.

Fischfang wurde bis ins 20. Jahrhundert hinein überwiegend von der ärmeren Bevölkerung im Nebenerwerb ohne Boote vom Land aus betrieben. Mittels Fangzäunen wurden die Fische daran gehindert, bei einsetzender Ebbe mit ablaufendem Wasser vom Ufer wieder ins Meer zu schwimmen. Diese Vorrichtungen wurden trichterförmig mit Holzstecken, Pfählen und Buschwerk errichtet und mit Stricken aus geflochtenem Dünengras festgezurrt. An der Spitze des Zaunwinkels ließ man eine Öffnung und schloss sie mit einer Reuse, in der sich die Fische verfingen.

Ein typischer Fangzaun. Bei Ebbe konnten die Fischer zu Fuß zu den Reusen gelangen.

Die einfache Konstruktion war nicht allzu beständig, musste häufig ausgebessert und zu Winterbeginn entfernt werden, um das Material vor Zerstörung durch Eisgang zu bewahren. Im Lauf des 19. Jahrhunderts verbesserten die Fischer diese Fangvorrichtung, indem sie die Zaunflügel durch geteerte Netzwände und den Fangsack durch große Weidenkörbe ersetzten. Manche Netzflügel wurden auch im Zickzack aufgestellt. Dadurch entstanden zur See gerichtete Winkel, in denen auch die mit der Flut aufsteigenden Fische gefangen werden konnten. Neben solchen Konstruktionen verwendeten die Fischer auch Reusen und Stellnetze, die sie in der Eidermündung und im Heverstrom aufstellten. In ihnen fingen sie Schollen, Aale, Lachse, Störe, Meerforellen, Hornhechte, Rochen und Makrelen, die in früheren Zeiten häufig an der hiesigen Küste erschienen. Für den Fang der Heringsschwärme, die küstenfern bis zum 16. Jahrhundert besonders vor Helgoland auftauchten, bedurfte es jedoch seetauglicher Boote, die die Eiderstedter Fischer nicht besaßen. Daher beschränkten sie sich auf die küstennahe Fischerei, die allerdings nur während der Wanderzeiten der Fische einträglich war. Im Winter und in fangarmen Perioden mussten die Fischer und deren Familien ihren Lebensunterhalt anderweitig bestreiten, etwa durch Gemüseanbau und Tagelöhnerarbeit in der Landwirtschaft und im Deichbau.

In strengen Wintern, wenn Flüsse und Küste zugefroren waren und es kaum anderweitige Verdienstmöglichkeiten gab, war es hier allgemein üblich, Aale zu stechen. Männer schlugen Löcher ins Eis und stießen forkenähnliche Gebilde in den schlammigen Gewässergrund in der Hoffnung, einige der sich darin verbergenden Aale zu erbeuten. In den Sommermonaten fingen die Küstenbewohner in ähnlicher Weise auch Plattfische. Dazu setzten sie Gabeln und Speere ein.

Mitte des 19. Jahrhunderts erfreute sich der Berufsstand der Eiderstedter Fischer, begünstigt durch den einsetzenden Störfang, von dem später noch die Rede sein wird, stetiger Erweiterung. Der Nachwuchs kam vor allem aus Olversum, einem Dorf unweit von Tönning direkt an der Eider gelegen, das auf eine lange Fischereitradition zurückblicken kann. Johannes von Schröder zählt in seiner *Topographie des Herzogtums Schleswig* von 1837 in dem Dorf, das aus Groß- und Klein-Olversum besteht, 33 Häuser, darunter ein Wirtshaus, und vermerkt:

Die Einwohner ... sind Tagelöhner und beschäftigen sich vorzüglich mit dem Anbau von Küchengewächsen, womit sie zum Theil die Stadt Tönning versehen; der Zwiebel- und Kartoffelbau ist bedeutend. Einige ernähren sich von dem Fischfange in der Eider, wo besonders Butten gefangen werden.

96

Direkt hinter dem Eiderdeich lagen die Häuser der Olversumer Fischer.
Aufnahme aus den 1950er Jahren.

Fischerkate in Klein-Olversum, 1934

Das Fischer- und Bauerndorf Olversum lag einst direkt an der Eider.
Preußische Landesaufnahme, 1878

In seiner Beschreibung erwähnt von Schröder die Fischerei nur nebenbei, dabei dürfte sie in Olversum eine viel größere Rolle gespielt haben. Werden doch die Fischer in einem Adressverzeichnis des Kirchspiels Tönning von 1900 als die zahlenmäßig bei weitem größte Berufsgruppe im Ort namentlich aufgeführt. Die Olversumer Fischer konnten von eigenen Anlegebrücken direkt in See stechen, während die Tönninger Fischer sich schwer taten, wenn sie mit ihren Segelschiffen den geschützten Hafen verlassen wollten.

Waren es anfänglich kleine Ruderboote, mit denen sie vor allem Heringe, Stinte, Störe, Butte und Aale fingen, so sah man bald immer mehr Segelboote, mit denen gefischt wurde. Laut *Seefischerei-Almanach* waren in Olversum im Jahr 1901 vierzehn gedeckte Jollen, ein gedeckter Kutter und eine Schaluppe registriert. Die Tönninger Fischer besaßen seinerzeit vier gedeckte Jollen und einen gedeckten Kutter. Beide Orte verfügten zusammen zusätzlich noch über sechzehn offene Boote. Die offenen Fahrzeuge dienten zum Aal- und Buttfang, die gedeckten zum Krabbenfang.

Die früheren Fischerbrücken bei Olversum. Bis Anfang des 20. Jahrhunderts starteten die Olversumer Fischer von hier aus ihre Fangfahrten.

Im übrigen Eiderstedt gab es im 19. Jahrhundert nur wenige Berufsfischer, dagegen viele Nebenerwerbsfischer, die überwiegend anderweitig tätig waren, etwa als Kleinbauern, Handwerker, Tagelöhner in der Landwirtschaft oder im Deichbau.

Berufsmäßige Fischerei wurde gegen Ende des 19. Jahrhunderts vor allem von Olversum und Tönning aus betrieben, Die kleinen Häfen bei Katingsiel, Ehstersiel, Norderhövd, Tetenbüllspieker und Rothenspieker dienten Nebenerwerbsfischern als Liege- und Anlandeplätze. Zu Saisonbeginn ab März war bei Rothenspieker der Stintfang oft sehr ergiebig.

Auf Fangfahrt mit einem Krabbenkutter

Im Juni 1902 besuchte ein Reisejournalist Tönning, um sich ein Bild von der hiesigen Krabbenfischerei zu machen und über seine Eindrücke für das in Leipzig erscheinende Blatt *Illustrirte Zeitung* einen Bericht * zu schreiben. Er logierte in einem Gasthof in der Nähe der Eidermündung. Als er dem Wirt von seinem Vorhaben erzählte, empfahl dieser ihm, einen Fischer namens Hansen zu fragen, ob er ihn zu einer Fangfahrt auf seinem Kutter mitnehmen würde.

———

* *"Im Wattenmeer"* von C. Lund, in: *Ueber Land und Meer. Deutsche Illustrirte Zeitung* · Band 88, (Leipzig) 1902, S. 755 f.

Sei möt'n abers präzis sin, Herr. Klock veer mor'n fröh sett de Ebb' in, denn seil'n wi los un kamt erst gegen Klock söß abends mit de Floot t'rügg. Dat is en langen Dag, Herr, gab dieser zur Antwort.

Als sich der Zeitungsmann am nächsten Morgen kurz vor vier mit Proviantkorb und einer Flasche Cognac an der Schiffbrücke einfand, war von der Kutterbesatzung noch niemand zu sehen. Doch bei Schlag vier der Turmuhr nahten aus einer Seitengasse schwere Männerschritte über das holperige Pflaster. Kapitän Hansen, sein Bestmann und ein Schiffsjunge traten, bepackt mit Körben und allerhand Geräten, auf den wartenden Fahrgast zu. Nach kurzer Begrüßung sagte der Kapitän:

Nu kannt gliek losgahn; ward 'n hitt'n Dag hüt. - Fix, Jung, mak de Joll' los!

Mit dem Ruderboot erreichten Crew und Gast nach wenigen Minuten den Kutter, an dessen Heck in vergoldeten Buchstaben *Gesine, Tönning* zu lesen war.

Auf der Fahrt zu den Fangplätzen erzählte Kapitän Hansen, dass Krabben vor 15 bis 20 Jahren noch auf sehr primitive Weise gefischt wurden. Männer und Frauen schritten von April bis Oktober oftmals bis zur Brust durch die Priele und schoben ihre langstieligen Kescher mühsam vor sich her. Um sie zu entleeren, mussten sie jedes Mal aufs Trockene. Die Ausbeute war oft nur gering. Größere Fänge hätten sie aber kaum verwerten können, denn verkaufen konnten sie die Krabben lediglich an die Küstenbewohner, denn die Verbindung mit dem Hinterland sei damals zu schlecht gewesen.

Als die *Gesine* die ersten Sandbänke erreichte, gesellten sich zu ihr mehrere Büsumer Kutter und in einiger Entfernung auch ein Fischdampfer. Auf der weiteren Fahrt war zunächst nicht viel zu tun und so machte sich die Mannschaft ans Frühstücken. Der

Schiffsjunge hatte in der Kombüse Kartoffeln gebraten und aufgetischt. Dazu gab es dicke Scheiben Schwarzbrot, geräucherte Heringe und schwarzen Kaffee.

Auslaufende Tönninger Krabbenkutter. Gemälde von Heinrich Blunck, 1931,

Die Gesine ist wohl ziemlich seefest, fragte der mitreisende Fahrgast.

Der Käpitän sah ihn mitleidig von der Seite an.

Hebbt Sei Angst? Schlecht Wedder givt't to düsse Jahrstied nich – un denn süht schlecht Wedder op de Nordsee bannig anders ut. Sei möt'n Cognac drinken; de givt Mod in die Mag un makt seefast.

Dabei blinzelte er nach dem Proviantkorb seines Gastes und schnalzte mit der Zunge. Das verstand dieser und bot ihm die mitgebrachte Flasche an, die der Bootsführer auch nicht verschmähte.

Sobald der Kutter ein vor Anker liegendes Feuerschiff passiert hatte, gab der Kapitän das Kommando, das Fanggeschirr auszuwerfen und erklärte dazu:

Wi fischen nu bit na Buschsand un wedder t'rügg.

Dann legte er das Steuer um, so dass der Kutter durch eine scharfe Wendung vor den Wind kam.

Im ersten Fang waren auch einige größere Fische dabei, die für die Mittagsmahlzeit zurückgelegt wurden.

In der Ferne beobachtete die Besatzung einen Dampfer der deutschen Kriegsmarine, den Kreuzer *Greif*, mit einem englischen Kutter im Schlepptau. Dieser hatte unzulässigerweise in hiesigen Gewässern gefischt. Die *Greif* verbrachte ihn nach Tönning, wo den englischen Kapitän eine gehörige Geldstrafe sowie die Beschlagnahme der Ausrüstung und des Fangs erwartete.

Begegnung mit dem 1886 in Dienst gestellten Kreuzer S.M.S. *Greif* in der Eidermündung im Juni 1902

Auf der Gesine wurde der Krabbenfang bei glühender Hitze bis zwei Uhr nachmittags ohne Unterbrechung fortgesetzt. Die Tagesausbeute betrug etwa 180 Pfund. Auf der Rückfahrt nach Tönning verarbeiteten die beiden Gehilfen die Krabben, indem sie Beifang aussortierten, die Garnelen abkochten und dann in Körbe schütteten. Der Fahrgast gesellte sich währenddessen zu dem Kapitän ans Steuer und erfuhr von ihm, dass die meisten der gefangenen Krabben an eine Konservenfabrik abgegeben würden. Die übrigen gingen an Händler.

Krabbenfang mit dem Schiebenetz

Das reiche Vorkommen von Krabben im Wattenmeer bewog die Küstenbewohner schon in frühester Zeit, die an der schleswig-holsteinischen Küste als *Porren* bezeichneten Winzlinge als willkommene Nahrung zu nutzen.

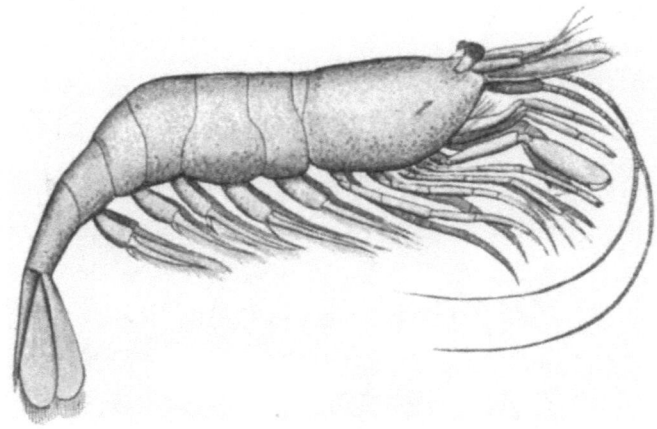

Die Nordseekrabbe, eine Garnelenart der Gattung *crangon crangon*

Ihr Fang war vornehmlich eine Aufgabe für die Frauen. Sie spielten in der Eiderstedter Fischerei eine überaus wichtige Rolle. Der Deutsche Fischerei-Verein berichtet 1885 in seinen *Mittheilungen für die Küsten- und Hochseefischerei,* dass in Olversum fünf Berufsfischer und in Kating alle Gelegenheitsfischer Frauen waren. In Boel, Tating,, Thulendorf und Westerhever lag der Krabben- und Buttfang sogar vollständig in weiblicher Hand.

Mit der *Gliep*, einem Schiebenetz, wurden die kleinen Krebstiere bei Ebbe in den Prielen aufgefischt, anschließend in mitgebrachte Körbe geschüttet, nach Hause getragen und in heißem Wasser kurz gegart. Die schnell verderbliche Ware wurde von Tür zu Tür verkauft, auf Wochenmärkten angeboten und auf den Bauernhöfen gegen Lebensmittel getauscht. Die Vermarktung der Krabben war nur lokal möglich, da es noch bis Mitte des 19. Jahrhunderts an Konservierungs- und schnellen Transportmöglichkeiten für ferneren Absatz fehlte.

Eiderstedter Frauen mit hochgebundenem Rock und der *Gliep*, einem Schiebenetz, auf Krabbenfang. Das Foto entstand um 1900.

Auch Männer beteiligten sich gelegentlich am Krabbenfang, wie dieser Holzstich von 1865 nach einer Originalzeichnung von Carl von Häberlin zeigt,

Die Krabbenfischerei mit der Gliep wurde von vielen Küstenbewohnern betrieben. Zwar war sie für die Ernährung der ärmeren Bevölkerung wichtig, aber für die Region wirtschaftlich nicht
bedeutsam. Das änderte sich, als 1854 eine Eisenbahnverbindung zwischen Tönning, Husum und Flensburg eröffnet wurde.
Dadurch war die Vermarktung der Krabben auch außerhalb der
Region möglich. Ab 1878 konnten Eiderstedter Fischer ihre
Fänge mit der Marschbahn von Karolinenkoog an der Eider bis
nach Altona und Hamburg versenden, wo die Garnelen sehr
gefragt waren.

Eine Krabbenindustrie entsteht

Immer mehr Eiderstedter, vor allem aus dem Dorf Olversum, entschlossen sich, den Krabbenfang nun systematisch zu betreiben. Sie ließen sich seetüchtige Segelboote bauen, rüsteten sie mit entsprechendem Fanggeschirr aus und konzentrierten sich zunehmend auf die Krabbenfischerei. Ab 1910 wurden die ersten Segelboote mit kleinen Dieselmotoren ausgestattet, die größere Fänge und weitere Fahrten ermöglichten. Nach und nach ersetzten motorisierte Kutter die Segelboote. 1922 waren in Olversum bereits sechs und in Tönning elf Kutter registriert. Daneben befanden sich noch verschiedene andere Fischereifahrzeuge in beiden Orten im Einsatz.

Der Fischfang wurde auch von anderen Eiderstedter Küstenorten aus praktiziert. Der Deutsche Seefischereiverein verzeichnet in seinem Almanach für 1898 noch Westerhever und Leikenhus (3 offene Boote); Ording und St. Peter (9 offene Boote); Süderhöft, Ebstensiel und Vollerwiek (9 Boote, ein halb gedecktes Boot und ein Ewer) sowie Katingsiel (ein offenes Boot). Für die Orte Hemme, Olversum und Tönning werden insgesamt 22 Ewer und 25 offene Boote angegeben. Demnach bildeten Tönning und seine beiden benachbarten Dörfer das Zentrum der Fischerei auf Eiderstedt.

Friedrich Feddersen erwähnt in seiner 1853 erschienenen *Beschreibung der Landschaft Eiderstedt* auch Uelvesbüll als Fischerort und berichtet von gelegentlichen Seehund-, Tümmler- und Kabeljaufängen vor St. Peter. Von dem Autor erfahren wir zudem, dass in den Gräben Hechte und Aale und in den Graften, die viele Haubarge umgaben, große Karauschen gefangen wurden. Seefische sollen Helgoländer Fischer regelmäßig in Eiderstedter Küstenorten angeliefert haben.

In den zahlreichen Gräben hielten sich gern Aale auf, die mit Reusen gefangen wurden.

Ein 1896 in Tönning gegründeter Fisch- und Krabbenverarbeitungsbetrieb schuf den Grundstein für eine kleine Industrie, die in den Jahren 1900 und 1911, als noch zwei weitere Verarbeitungsunternehmen sich hier ansiedelten, an Bedeutung gewann. Der Großteil der Krabben, die Olversumer und Tönninger Fischer erbeuteten, wurde in diesen drei Betrieben verwertet. Die Unternehmen beschäftigten eine große Zahl von Schälerinnen; jeweils fünfzig sollen es gewesen sein. Die Krabbenfischerei war seinerzeit in Tönning ein bedeutender Wirtschaftszweig, der vielen Menschen – Fischern, Händlern, Fabrikarbeitern, Schälerinnen und Fuhrunternehmern – eine Existenz sicherte.

In der Vergangenheit wurden immer wieder Versuche unternommen, eine Schälmaschine zu konstruieren. Bereits 1898 berichtete die *Fischerei-Zeitung* über eine solche Maschine, die für 3.000 Mark offenbar von einem Tönninger Unternehmer in Auftrag gegeben worden war und die händische Arbeit ersetzen sollte. Aber allen bisherigen Erfindungen dieser Art mangelte es letztlich an technischer Vollkommenheit.

Anzeige der ersten Tönninger Krabben-Konservenfabrik.

Unten:

In den 1950er Jahren war im Tönninger Hafen noch eine große Kutterflotte beheimatet.

Die Tönninger/Olversumer Krabbenfischerei hatte ihre Glanzzeit in den 1950er Jahren, als die Zahl die hier registrierten Kutterflotte etwa 45 Schiffe umfasste. In den folgenden Jahrzehnten erfolgte der schleichende Niedergang dieser Fischerei. Heute, im Jahr 2024, sind nur noch vier Kutter in Tönning beheimatet.

Pause nach getaner Arbeit. Krabbenfischer im Tönninger Hafen, 1960er Jahre.

Unten: Diesen toten Wal bargen Fischer 1969 vor St. Peter-Ording, wo immer wieder mal diese riesigen Geschöpfe der Meere stranden.

Störe und Aale

Im 19. Jahrhundert war der Stör- und Aalfang für die Eiderstedter Fischer am einträglichsten. Die erwachsenen Aale verließen im Frühjahr die Flüsse, um zu ihren weit entfernten Laichplätzen vor der Küste von Florida zu gelangen. Zur gleichen Zeit schwammen die Störe zur Eiablage die Eider hinauf.

Vor Errichtung des Eiderkanals, der von 1784 bis 1890 bestand und Schiffen Fahrten zwischen Nord- und Ostsee ermöglichte, konnten Störe und andere Wanderfische wie Lachse und Meerforelle das Quellgebiet des Flusses und die Zuflüsse der Obereider noch problemlos erreichen. Nach der Kanaleröffnung gelang es immer weniger von ihnen, die Obereider zu erreichen, da Schleusen und Mühlenwerke ihren Weg behinderten.

Etwa ab Mitte des 19. Jahrhunderts wurden Störe gezielt von hiesigen Fischern gefangen, da die Nachfrage nach diesem Fisch rasch anstieg und dessen Verkauf gute Erlöse versprach. Durch das intensive Befischen erreichten jedoch immer weniger Störe ihre Laichgebiete, und umso weniger Nachwuchs konnte sich entwickeln. So sägten die Fischer an dem Ast, auf dem sie saßen.

Es war gerade jener Rogen, der Eiersack der weiblichen Störe, der ihnen am meisten einbrachte, denn aus ihm wurde der begehrte und hoch bezahlte Kaviar gewonnen. Zunächst fand nur das Fleisch des Fisches Verwendung. Später entdeckten Fischer und Feinschmecker, dass der Fisch sich vorzüglich zum Räuchern eignete und sich der Rogen zu köstlichem Kaviar verwandeln ließ.

Der Stör, ein grätenfreier Knorpelfisch, konnte eine Länge von mehreren Metern und ein Gewicht von über einigen hundert Kilogramm erreichen. Von großen weiblichen Tieren gewann man teilweise über einen Zentner Kaviar.

Der *Europäische Stör* (Acipenser sturio) kam im 19. Jahrhundert besonders an der schleswig-holsteinischen Westküste, im Mündungsbereich von Eider und Elbe sowie im Unterlauf mehrerer norddeutscher Flüsse vor. Mit speziellen Treibnetzen wurde der Fisch überwiegend von Mai bis Juli gefangen. Ganze Schiffsflotten, etwa von Blankenese und der Elbinsel Finkenwerder, rückten ab den 1860er Jahren regelmäßig aus, um ihm in den Mündungen der Elbe, Eider und Hever, in der Meldorfer Bucht, vor St. Peter und Westerhever nachzustellen. Mit ihren großen Segelbooten, später auch dampfbetriebenen Kuttern, trafen sie auf ortsansässige Fischer, die es ihnen gleichtaten. Sie alle machten Jagd auf den ungewöhnlichen Fisch.

Der Europäische Stör. Einst erschienen Tausende dieser Art regelmäßig vor der Küste, um in die Eider aufzusteigen.

Ein Fischgeschäft in Friedrichstadt, das den Namen *Zum Stör* trug, widmete sich besonders dem Handel mit dem Riesenfisch. Draußen vor dem Laden wurden besonders große Exemplare an einen Haken gehängt und eine daneben stehende Tafel gab den Namen seines stolzen Fängers preis.

Zwischenhändler erwarben die gefangenen Störe und lieferten sie nach Hamburg, wo sie vermarktet wurden. Manche Fischer verkauften auch direkt an Hamburger Großhändler, um höhere Preise zu erzielen.

Ausgestellter Stör vor dem Feinkostgeschäft *Zum Stör* in Friedrichstadt. Daneben der Ladenbesitzer Robert Eberhardt, 1951.

Unten:

Große Störe waren so wertvoll, dass Aufkäufer auch direkt vor Ort mit den Fischern verhandelten.

Das Störfleisch galt damals als billige Volksnahrung und kam in vielen Haushalten auf den Tisch. Dienstboten sollen sich geweigert haben, in Haushalten zu arbeiten, in denen mehr als zweimal in der Woche Störfleisch auf dem Speiseplan stand. Das zeitweise große Angebot führte dazu, dass es kaum noch abzusetzen war, dagegen blieb die Nachfrage nach Kaviar ungebrochen.

Der Fang imposanter Störe war stets ein großes Ereignis, das gern fotografisch dokumentiert wurde – wie hier 1932 in St. Peter.

Wurden 1891 in der Eider und ihrem Mündungsgebiet noch über tausend Störe gefangen, waren es im Jahr 1900 lediglich noch 80 Exemplare. Gelegentlich verfingen sich in den Netzen auch Seehunde, aus deren Fettgewebe Tran gewonnen wurde. Ein für die Eider verhängtes generelles Stör-Fangverbot, das für die Frühjahrsmonate galt, vermochte den rapiden Rückgang der Art nicht aufzuhalten.

Mit der *Schottschen Karre* wurden die großen Störe transportiert. Dieser 1935 in der Eider gefangene Stör brachte 4 ½ Zentner auf die Waage.

Mit leichten Schwankungen nach oben und unten blieben die Fänge in den nächsten Jahren auf niedrigstem Niveau. In den 1920er Jahren waren die Eiderstedter Küstengebiete nahezu leergefischt. Die Eider war der letzte Fluss in Deutschland, der von den Stören als Brutgebiet aufgesucht wurde. Die 1936 fertiggestellte Schleuse bei Nordfeld südöstlich von Friedrichstadt, die die Region vor Überschwemmungen schützen sollte, versperrte den Stören endgültig den Zugang zu ihren angestammten Laichplätzen und brachte die Störfischerei zum Erliegen.

Für den Fortbestand der Störe wirkte sich die Abdämmung verheerend aus. Die Anwohner des Stromes schützte sie jedoch vor weiteren Überschwemmungen, die in der Vergangenheit große Zerstörungen und Verluste verursacht hatten. Die Fischer fürchteten, dass der Dammbau gravierende Auswirkungen nicht nur für den Störbestand, sondern auch für andere Fischarten haben würde. Zwar fingen sie in der Eidermündung und in der Untereider noch bis in die 50er und 60er Jahre vereinzelte, bisweilen auch große Störe, aber das waren Ausnahmen.

Entwurf für das Mitte der 1930er Jahre errichtete Schleusenwerk bei Nordfeld.

Johannes Franzen und Otto Jebe, zwei Störfischer aus Witzwort, fingen nach 1945 noch 185 Exemplare in der Untereider.

Die Schleusen und Abschottungen in der Eider und im Eiderkanal waren auch für die in den Fluss aufsteigenden Lachse, Meerforellen und Aale ein großes Hindernis.

In der Eider und ihrer Mündung sowie in den Nebenflüssen des Stroms wurden früher zahlreiche Aale gefangen. Mehrere Fischerfamilien konnten von den Aal- und Störfängen existieren. Solange die Wanderfische ungehindert in die Flüsse aufsteigen und sich vermehren konnten, sorgten sie selbst für nachhaltige Bestände. Doch bereits die ständigen Ausbaggerungen in der Flussmündung und im Unterlauf der Eider sowie der starke Schiffsverkehr stellten erhebliche Störungen ihrer Lebensweise dar. Regulierungen, wasserbauliche Veränderungen und Überfischung taten ein Übriges und hatten den immer stärkeren Rückgang der Fischbestände zur Folge.

Seit ewigen Zeiten wanderten Millionen winziger Glasaale in die Eidermündung, um gemeinsam in den Oberlauf des Stromes und in seine Nebenflüsse zu schwimmen. In ihrem Erbgut waren Route und Ziel ihrer langen, kräftezehrenden Wanderung vorgegeben. Auch für sie waren die errichteten Bauwerke nahezu unüberwindbar. Abermillionen von ihnen verendeten Jahr für Jahr an den Hindernissen. Die Aale verschwanden binnen weniger Jahrzehnte bis auf Restbestände aus ihren angestammten Gewässern. Viele Fischer an der Eider verloren dadurch auch ihre Existenzgrundlage und mussten ihren Beruf aufgeben.

Ziegeleien und Kalkbrennereien

*F*ür den Bau solider Häuser wurden gebrannte Ziegel benötigt. Der für ihre Herstellung erforderliche Rohstoff Lehm war auf Eiderstedt reichlich vorhanden. Manche Bauern, die solche Vorkommen auf ihren Ländereien besaßen, ließen in eigenen Ziegeleien den gefragten Baustoff brennen. Die Produktionsstätte musste allerdings nahe der Küste oder an schiffbaren Wasserwegen liegen, um den Transport der Ziegel zu ermöglichen, denn die vorhandenen schlechten Landstraßen waren dafür ungeeignet.

Besonders für die Errichtung der mächtigen Kirchen und Haubarge wurden große Mengen an Backsteinen benötigt. So erwarb der Tatinger Ratmann und Hofbesitzer Peter Hamkens 1863 für ein Bauvorhaben hunderttausend Brandsteine von der im Wilhelminenkoog gelegenen Ziegelei der Gebrüder Ohling und ließ sie auch mit eigenen Fuhrwerken dort abholen.

Bezog man auf Eiderstedt in früheren Jahrhunderten Ziegel auf dem Seeweg vorwiegend aus den holländischen Provinzen und anderen Regionen, so kamen sie im 19. Jahrhundert wohl vor allem aus heimischen Ziegeleien.

Da bei regionalem Absatz der Eiderstedter Ziegel nur geringe Transportkosten fällig wurden, war er kostengünstig zu erstehen. Allerdings musste das Heizmaterial für den Brand – Torf und Kohle – von auswärts bezogen werden. Die hiesigen Ziegeleien waren zuerst kleine, handwerkliche Betriebe, die – abhängig von Jahreszeit und Wetter – mit wenigen Arbeitskräften unterhalten wurden. Es waren sogenannte Feldziegeleien, in denen die feuchten Rohlinge von Hand gestrichen, dann an der Luft getrocknet und schließlich in Meilern, lose gestapelt, gebrannt wurden. Danach musste der Meiler mehrere Tage auskühlen. Bei diesem Erdbrandverfahren verteilte sich die Hitze nicht gleichmäßig, so dass ein gewisser Anteil Ziegel stets von minderer Qualität war und zu einem niedrigeren Preis verkauft wurde.

Feldziegeleien bzw. Feldbrandziegeleien hießen so, weil der Brand der Ziegel auf einem Feld, auf dem auch der erforderliche Rohstoff – Lehm, Löss oder Ton – vorhanden war, erfolgte. In dazugehörigen scheunenartigen Gebäuden wurden die geformten Ziegel getrocknet und in einem stets neu aufgesetzten Meiler gebrannt. Über einen festen gemauerten Ofen verfügten diese einfachen, als saisonaler landwirtschaftlicher Nebenerwerb betriebenen Ziegeleien nicht. In ihnen konnten nur Mauersteine, jedoch keine Dachziegel oder tönerne Drainageröhren gebrannt werden.

Ziegel wurden früher in Meilern gebrannt. Die Qualität der mit dieser Methode gewonnenen Ziegel war stets sehr uneinheitlich.

Anlagen dieser Art bestanden im 19. Jahrhundert:

• In Tönning am Westrand der Stadt und im Norden, unweit der Stadt, in Schrapenbüll, einer Ansiedlung mit zwei Häusern und 18 Einwohnern (Stand von 1880);

- In der Gemeinde Tating: Im Wilhelminenkoog, betrieben 1853 – 1893 von den Gebrüdern Ohling sowie eine weitere Ziegelei, nordöstlich am Ortsrand von Tating gelegen;

- Im Altneukoog in der Gemeinde Oldenswort, Dauer des Betriebes unbekannt, bestand noch 1837;

- In Witzwort. Hier arbeiteten in der Saison zehn Mitarbeiter, die 600.000 Ziegel produzierten. In einem Nebenbetrieb, der in Ording lag, waren zwei bis drei Arbeitskräfte tätig, die bis zu 100.000 Ziegel herstellten. Vermutlich in den 1830er Jahren musste der Ordinger Betrieb schließen, da die Rohstofflagerstätten erschöpft waren.

- Westlich von Koldenbüttel wurden an fünf nahe beieinander liegenden Standorten kleinere Ziegeleien betrieben, und zwar in der Nähe des Bahnhofs von Büttel, beim Büttelhof, beim Staatshof im Drandersum Koog, bei Kringelkrug und bei Reimersbude, wo ein kleiner Hafen, ein Lagerplatz und eine Anlegestelle vorhanden waren, die die Verschiffung der Ziegel begünstigten. Die Betreiber dieser Ziegeleien waren alle zugleich Hofbesitzer. Auf ihren Ländereien war der Rohstoff für die Herstellung der Backsteine vorhanden, so dass es naheliegend war, eine Produktionsstätte für den gefragten Baustoff an Ort und Stelle zu errichten.

- Im Iversbüller Koog in der Gemeinde Poppenbüll, betrieben von 1831 bis 1878; Besitzer D. Thoms.

Haubarg Iversbüll mit dazugehöriger Ziegelei. Das Gemälde entstand 1847.

Auf dieser um 1800 datierten Militärkarte ist an der von Tönning nach Olversum führenden Straße eine große Ziegelei eingezeichnet.

Unten: Die Ziegelei in Schrapenbüll wurde offenbar als Rundofen betrieben. Königlich Preußische Landesaufnahme von 1878

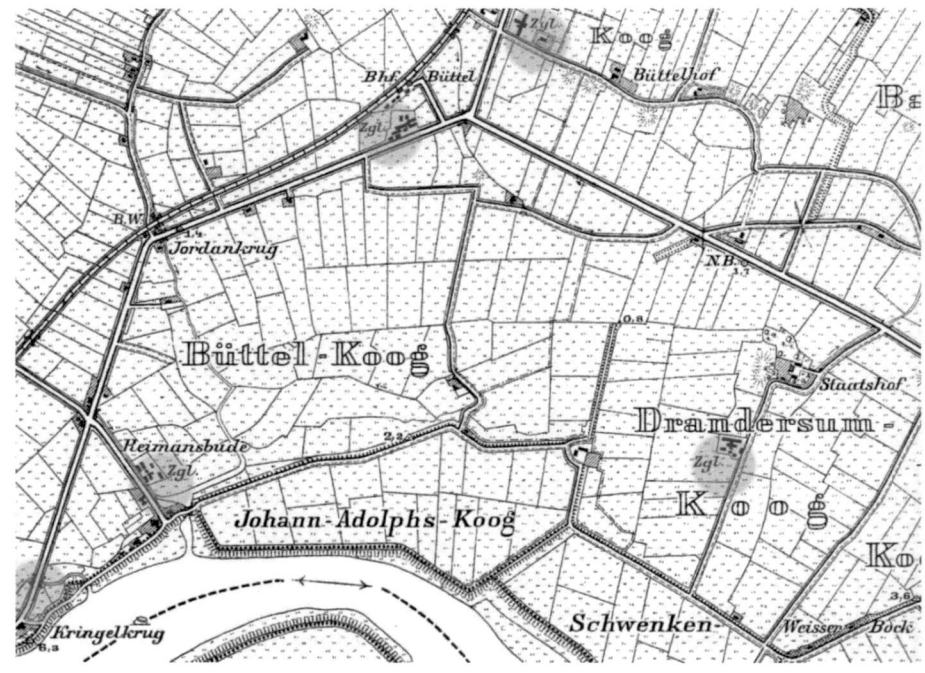

Die Landesaufnahme von 1878 verzeichnet westlich von Koldenbüttel fünf Ziegeleien. Schiffsanleger bei Reimersbude und Kringelkrug ermöglichten den Abtransport der Ziegel über die Eider.

Zahlreiche Feldziegeleien wurden noch bis ins späte 19. Jahrhundert in Eiderstedt betrieben. In jener Zeit kamen Dampfziegeleien auf, in denen mit Dampfdruck arbeitende Maschinen eine weitgehend automatisierte Produktion ermöglichten. Es gab zwei solcher Anlagen in Eiderstedt, die Dampfziegelei Tiebensee von J. J. Thoms in Tönning und jene in Harblek bei Oldenswort. Ende der 1890er Jahre erhielt der Harbleker Betrieb einen Gleisanschluss zur dortigen Bahnstation. Dadurch konnten ihre Erzeugnisse direkt per Schiene oder über den Anleger Rothenspieker per Schiff zu den Abnehmern gelangen.

Die beiden Betriebe benötigten zahlreiche erfahrene Arbeitskräfte, darunter Maschinisten und einen Ziegelmeister, die in der Saison von März bis Oktober als Wanderziegler aus dem verarmten westfälischen Fürstentum Lippe kamen und anschließend wieder in ihre Heimat zurückkehrten.

Der Ziegeltransport über See war am kostengünstigsten. Das Foto zeigt einen Lagerplatz am Hafen von Kollmar an der Elbe um 1910. Möglicherweise wurden hier auch Ziegel aus der Harbleker Produktion angelandet.

Die Dampfziegeleien waren in der Lage, Backsteine in großer Stückzahl schnell, günstig und in gleichbleibender Qualität zu produzieren. Die handwerklich betriebenen Ziegeleien waren dieser Konkurrenz nicht gewachsen und mussten bald aufgeben. 1921 soll es laut einer Mitteilung in den *Itzehoer Nachrichten* keine einzige Ziegelei mehr auf Eiderstedt gegeben haben.

Harbleker Dampfziegelei und Villa des
Betriebsinhabers August Hönck.
Historische Ansichtskarten, um 1920.

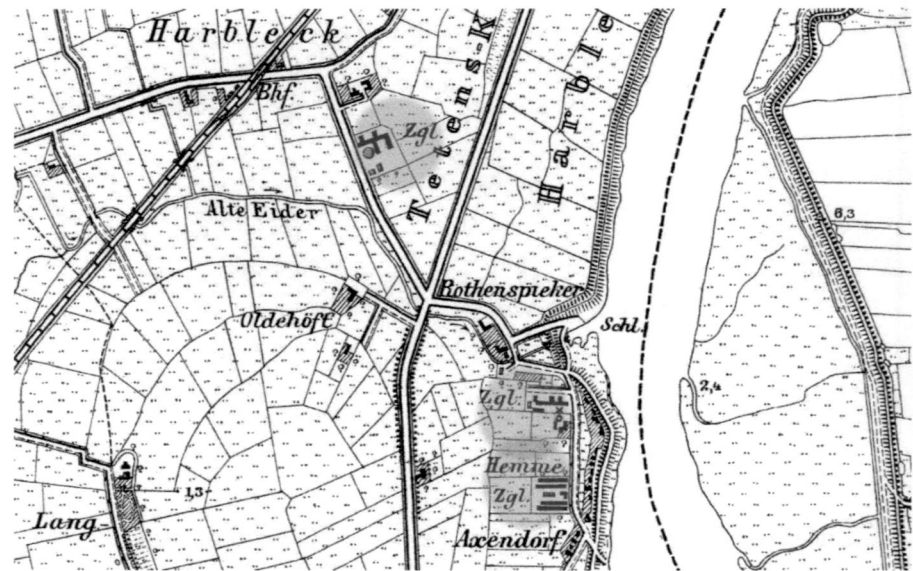

Die günstige Lage der Harbleker Ziegelwerke an Bahnlinie und Eider war
ein bedeutender Wettbewerbsvorteil gegenüber der Konkurrenz. Laut einem
Adressbuch von 1891 gab es im Ort zwei Ziegeleibetreiber, nämlich August
Hönck und M. Marcussen. Preußische Landesaufnahme von 1878

124

Muschel- und Steinkalköfen

Für die Errichtung solider Gebäude bedurfte es neben Ziegeln Kalkmörtel, ein Gemisch aus gebranntem Kalk und Wasser. Als Rohmaterial griff man hier an der Küste – in Ermangelung von Steinkalk – auf Muscheln zurück, die in großen Mengen an den Stränden und im Watt zu finden waren. Fischer sammelten oder gruben bei Ebbe vor allem Herz-, Mies- und Korbmuscheln, reinigten sie in den Prielen und transportierten sie mit Kähnen zu den Kalkbrennereien. Zwei solcher Anlagen gab es bereits um 1790 auf Eiderstedt. Die größere von beiden stand in Tönning. Im 19. Jahrhunderts waren mehrere Kalköfen in küstennahen Orten auf Eiderstedt in Betrieb. Diese speziell für den Kalkbrand entwickelten Öfen besaßen einen hohen, dickwandigen Baukörper, der zusätzlich mit umlaufenden Eisenbändern gesichert wurde. Ein Brandmeister bestückte den Ofen schichtweise mit Torf und Muscheln und zündete durch eine Luke in der Mitte des Ofens eine Lage Holzkohle an. Im Ofen musste eine Hitze von annähernd tausend Grad erreicht werden. Dabei entwich aus dem Schlot stark ätzender Qualm, der die Umgebungsluft bei ungünstiger Wetterlage anhaltend belastete. Nach dreitägigem Dauerbrand und anschließender Abkühlung konnte das fertige Produkt, weißes Kalkmehl, entnommen werden.

Zum Befeuern der Öfen benötigte man riesige Mengen Torf, die auf Lastkähnen, sogenannten Torfboyern, aus den Mooren der Überschwemmungsgebiete von Treene und Eider herbeigeschafft wurden. Von den Anlandeplätzen Rothenspieker, Tönning und Katingsiel gelangte der Torf weiter zu den Standorten der Öfen, über das Kanalsystem der Norder- und Süderbootfahrten selbst bis nach Garding, wo südlich des Marktplatzes von 1845 bis 1909 ein Muschelkalkofen betrieben wurde. Ein weiterer Ofen stand bei Katingsiel.

Der Gardinger Ofen wurde 1844 erbaut und von dem Senator Johannes Boyens betrieben. Eine Rampe führte zu einer Luke, über die der Ofen beschickt werden konnte. 1909 ließ der Besitzer den Ofen samt Nebengebäuden abbrechen.

Unten:
Segelnde Torfboyer waren noch bis in die 1920er Jahre ein vertrautes Bild auf den Flüssen Treene und Eider.

Diese Lithographie von 1848 nach J. Gottheil zeigt Friedrichstadt mit einem Kalkbrennofen am rechten Bildrand.

Auch in Husum gab es zwei Muschelkalköfen. Auf diesem Panoramabild, entstanden um 1850, sieht man einen dieser Öfen direkt am Hafen. Ihn betrieb bis 1898 der in Kotzenbüll geborene Baustoffhändler Rickleff Friedrich Bischoff.

127

Als die Muschelbestände auf Grund der intensiven Nutzung immer geringer wurden, verwendete man zunehmend Steinkalk für den Brand. Er war nicht nur kostengünstiger, sondern auch in jeder Menge verfügbar. Aber er musste importiert werden und für seine Verarbeitung wurden andersartige Öfen erforderlich. Drei solcher Anlagen entstanden im 19. Jahrhundert auf Eiderstedt, aus ökonomischen und praktischen Gründen möglichst in der Nähe von Schiffsanlegern:

Bei Katingsiel neben dem bestehenden Muschelkalkofen westlich der Straße nach Rüxbüll;

am nordwestlichen Stadtrand von Tönning, direkt an der Bahnline, die nach Garding führte,

und bei Rothenspieker an der Schleuse (dieser Ofen war bis Ende der 1890er Jahre in Betrieb).

Der gebrannte Kalk wurde nicht nur für Bauzwecke verwendet. Verdünnt zu Kalkmilch war er auch beliebt als Anstrich- und Desinfektionsmittel in Haushalten und Stallgebäuden. Ab Ende des 19. Jahrhunderts wurde der Kalkbrand überwiegend in großen Fabriken durchgeführt. Mit deren kostengünstiger Massenproduktion konnten die lokalen Öfen nicht konkurrieren und wurden von ihren Betreibern aufgegeben.

Ackerbau, Milchwirtschaft und Viehzucht

Seehandel, Fischfang, Handwerk und die Produktion von Ziegeln und Muschelkalk waren zweifellos wichtige Erwerbszweige auf Eiderstedt, aber am bedeutendsten war schon immer die Landwirtschaft, deren Ausrichtung sich in den vergangenen Jahrhunderten je nach den gegebenen Umständen verändert hat. Im 16. Jahrhundert dominierte die Milch- und Käseerzeugung, ab dem 17. Jahrhundert der Ackerbau und im 19. Jahrhundert die Fettgräsung und der Viehexport nach England.

Die Milchwirschaft lag überwiegend in den Händen niederländischer Einwanderer, die auf den Haubargen Holländereien, Vorläufer der späteren Meiereien, betrieben.

Das Melken der Kühe war Frauenarbeit und musste täglich bei jedem Wetter frühmorgens und am späten Nachmittag erledigt werden.

Als wiederholt die Rinderpest große Viehbestände vernichtete, besonders im Jahr 1745, in dem binnen weniger Wochen fast alle Rinder auf Eiderstedt eingingen, stellten viele Bauern ihre Betriebe auf Fettgräsung um. Sie kauften im Frühjahr in Jütland Magervieh, ließen es auf ihren nährstoffreichen Grünflächen weiden und verkauften es im Herbst – nun gut genährt – wieder auf den Märkten und machten dabei gute Geschäfte.

Für den Ackerbau waren nur wenige Flächen geeignet. Lediglich etwa ein Zehntel der Gesamtfläche Eiderstedts wurde für ihn genutzt. Der hier häufig vorkommende fette Kleiboden war bei Trockenheit schwer zu bearbeiten. Es wurden vier, mitunter sechs Pferde für das Pflügen benötigt und zusätzlich zu der Person, die den Pflug bediente, noch ein oder zwei sogenannte Pflugjungen, die die Pferde führten und antrieben. Die umgebrochenen Erdschollen waren oft noch knochenhart, so dass sie mit Beilen zerschlagen werden mussten. Oder man wartete Regen ab, der die Klumpen aufweichte.

Bis zu sechs Pferde wurden benötigt, um den Pflug durch den schweren Marschboden zu ziehen, wie hier bei Osterhever. Um 1870.

Angebaut wurden auf den fruchtbaren Böden vor allem Weizen, Hafer, Bohnen, Raps und Rübsen, eine mit Raps verwandte Kohlart. Die Erträge zählten zu den höchsten im ganzen Land. In manchen Jahren vermochten Mäuseplagen und Dürreperioden jedoch ganze Ernten zu vernichten. Die landwirtschaftlich nutzbaren Flächen waren auf Eiderstedt sehr unterschiedlich verteilt. Manche Höfe besaßen nur Weideland, andere dazu noch Äcker und Wiesen.

Die fruchtbaren Ackerböden ließen das Korn in guten Jahren so dicht und kräftig wachsen, dass es nur mit der Sichel geschnitten werden konnte. Fotografie *Der Hauer* von Theodor Möller, 1905

Die üppigen Ernten und Ochsenverkäufe machten viele Bauern wohlhabend. So besaß der in Westerhever ansässige Rat- und Lehnsmann * Jacob Eggers (1803 – 1864) sechs Höfe und zählte zu den reichsten Eiderstedter Hofbesitzern.

Die große Nachfrage nach Fleisch in England führte Mitte des 19. Jahrhunderts dazu, dass Eiderstedter Ochsen und Schafe in großer Zahl auf die britische Insel exportiert wurden.

Die Verbreitung des Shorthorn-Rindes

Die Engländer schätzten ihre heimischen Rinderrassen, die sich durch hohe Fleischqualität und schnellen Zuwachs auszeichneten. Die Eiderstedter *Gräser* – so nannte man Bauern, die nur von Viehmmästung auf ihren Weiden lebten – importierten daher ab 1840 Shorthorn-, Herefordshire- und Gallowaybullen, um ihre Eignung für die Zucht und das hiesige Klima zu prüfen. Die Shorthorns erwiesen sich für die eiderstedtischen Verhältnisse am geeignetsten. Es kam zur Gründung eines Shorthorn-Zuchtvereins, der wesentlich dazu beitrug, dass die Eigenschaften der Rasse stetig verbessert werden konnten und die Tiere in England auf große Nachfrage stießen. Auf den Eiderstedter Tierschauen im Jahr 1855 war bereits kein einziges schwarzes oder schwarzbuntes Rind mehr anzutreffen, sondern nur noch rote oder rotbunte Tiere mit eindeutigen Merkmalen der Shorthorns.

---

* Ein Lehnsmann war der oberste Verwaltungsbeamte eines Kirchspiels. Er musste vermögend sein, denn er bürgte nicht nur für die Ausgaben seiner Gemeinde, sondern hatte dafür in Vorleistung zu treten. Erst im folgenden Jahr oder noch später erhielt es seine Auslagen von den anderen Landbesitzern zurückbezahlt. In großen Kirchspielen gab es mitunter zwei oder gar drei Lehnsmänner.

Zufrieden begutachtet ein Gräser seine gut genährten Ochsen.
Radierung, betitelt *Fettvieh,* von Alexander Eckener, 1910

Präsentation eines ideal gebauten Zuchtbullen, der sich im Besitz eines
Eiderstedter Gastwirts befand. Aufnahme von 1925

Gussmodelle prämierter Tiere in einer Vitrine der Gastwirtschaft in Warmhörn. Eine hier gegründete Stierhaltungsgenossenschaft erwarb für ihre Shorthorn-Bullen und -Kühe zahlreiche Preise.

Unten:

Der Wirt des Gasthofes in Wärmhörn, Jann Magnus, war selbst erfolgreicher Shorthorn-Züchter. Um 1910

Das Winterfutter für die Tiere bestand überwiegend aus nahrhaftem Heu. Das Weidegras wurde im Sommer gemäht, danach immer wieder gewendet und nach acht bis zehn Tagen Trocknung in Haufen aufgesetzt. Nach mehrmaliger Umsetzung blieben diese anschließend noch vier Wochen auf dem Feld stehen, ehe das Heu eingefahren wurde. Trotz dieser sorgfältigen Aufbereitung kam es dennoch vor, dass das eingelagerte Heu sich entzündete und dadurch Höfe abbrannten.

Aufgesetzte Heudiemen bei Kating, 1950

Mehrere Jahrzehnte waren die Tierausfuhren nach England ein Garant für die Eiderstedter Viehwirtschaft wie auch für die gesamte Wirtschaft der Halbinsel. Denn an diesem Handelsverkehr waren viele Menschen in Eiderstedt beteiligt – Reeder, Schiffsbesatzungen, Kaufleute, Spediteure, Zöllner, Händler und nicht zuletzt Bauern, Tagelöhner und deren Familien. Als 1889 in Schleswig-Holstein die Maul- und Klauenseuche ausbrach, stoppte die britische Regierung alle Einfuhren von Tieren aus Deutschland. Das war das Ende der Tönninger Viehexporte nach England. Bis dahin waren annähernd jeweils eine Million Rinder und Schafe nach dort verschifft worden. Doch der Ausfall des britischen Marktes für die Eiderstedter Ochsen und Schafe konnte dank der mittlerweile geschaffenen Eisenbahnverbindungen ins deutsche Inland kompensiert werden. Bald überstieg die Zahl der Tiere, die in die Ballungszentren im Ruhrgebiet, im Rheinland und in Schlesien, nach Berlin und in andere Großstädte geliefert wurden, die früheren Exporte nach England bei Weitem.

Tagelöhner, Knechte und andere arme Leute

Ihre Kräfte brachten das Land voran. Sie bauten Deiche, hoben Gräben aus, versorgten Tiere, bestellten die Äcker, brachten Heu und Ernten ein. Ihnen verdankten viele Bauern ihren Wohlstand, während diejenigen, die am meisten leisteten, oft in Armut lebten und kaum Aussicht auf Besserung ihrer Lage besaßen. In Garding und Tönning sowie in fast allen Dörfern gab es Armenhäuser, in denen Familien und Einzelpersonen Aufnahme fanden, die ihren Lebensunterhalt nicht bestreiten konnten, weil sie keine Arbeit fanden, alt oder krank waren. Es gab für sie keine soziale Absicherung. Wenn Knechte, Mägde und Tagelöhner keine Anstellung fanden, gerieten sie in Not. Auch ihre Kinder konnten die niedere Stufe, auf der sie standen, nur selten verlassen und erlitten das gleiche Schicksal wie ihre Väter und Mütter. Bereits im frühen Alter mussten sie Vieh und Gänse hüten oder bei der Ernte mithelfen. Auf ihre Bildung wurde nicht allzu viel Wert gelegt. Bis 1814 fand Schulunterricht nur in den Wintermonaten statt, denn im Sommer mussten die Kinder arbeiten.

Als die Milchwirtschaft immer mehr zurückging und die Bauern zur Gräsung übergingen, wurde in den Haushaltungen und Ställen der Höfe weniger Personal benötigt. Viele Mägde und Knechte verloren ihre Arbeit und fanden auch anderweitig kaum neue Anstellungen, da die Betroffenen nur begrenzte berufliche Kenntnisse besaßen. So wuchs die Zahl der Armen sprunghaft an. In Tating und Tetenbüll richteten die Gemeinden nach Vorbildern in Oldenswort und Tönning in den Armenhäusern auch Werkstätten ein. Darin sollten den hier Gestrandeten, Erwachsenen wie Kindern, handwerkliche Kenntnisse, vor allem das Spinnen und Flechten, vermittelt werden, damit sie damit ihren Lebensunterhalt verdienen konnten.

Dem harten, langen Arbeitsalltag des Gesindes stand die Lebenswelt der Hofbesitzer konträr gegenüber. Das drückte sich auch in der Anrede aus. Der Herr des Hauses wurde mit *unse Wehrt*, dessen Frau mit *unse Fru* angesprochen, später hieß es *Herr* und *Madame*. Friedrich Feddersen schildert das Leben der Hofbesitzer in seinem 1853 erschienenen Buch *Beschreibung der Landschaft Eiderstedt*:

Sie arbeiten wenig mit den Leuten oder Dienstboten, trinken ihren Kaffee und Thee, speisen gut, ruhen viel, führen nur mehr die Aufsicht und ordnen an, besehen die Ochsen, und besuchen die Knechte und Arbeiter auf dem Felde, in den Ställen und Scheunen, leiten die Milchwirthschaft oder was sonst vorfällt in Haus und Garten; dann gehen oder fahren sie an Markttagen nach der Stadt oder besuchen die Nachbarn oder den Krug ...

Der dänische Autor und Archäologe Reinhold Meiborg, der die bäuerliche Kultur auf Eiderstedt eingehend studierte, nahm die Schnitter – Tagelöhner, die im Umgang mit der Sense besonders geübt waren – in den Blick: *

---

* vgl. R. Meiborg: *Das Bauernhaus im Herzogtum Schleswig und das Leben des schleswigischen Bauernstandes im 16., 17. und 18. Jahrhundert,* Schleswig 1896, Seite 43

Für den Landmann, der nur Weideland hat, ist jeder Tag Ruhetag. Die notwendige Arbeit während der Heuernte thun ihm fremde Schnitter, die sich in großer Anzahl aus den magern Gegenden Schleswigs, Jütlands, Pommerns und Brandenburgs einfinden. Früher, da sie noch auf der Vordiele schliefen und beköstigt wurden, hatte der Hofbesitzer davon einige Umstände; heutzutage hausen sie draußen in Strohhütten; da sorgen sie sich selber für ihr Essen und sind fern von aller Aufsicht. Es soll da oft wild zugehen. In die Scheune kommen sie nur, wenn sie das Heu einbringen, in die Wohnung ihres Brotherrn überhaupt nicht.

Als Kind erlebte August Geerkens in den 1880er Jahren auf dem elterlichen Hof in der Nähe von Oldenswort, wie hart ihr Knecht, den alle nur Siewert nannten, jeden Tag arbeitete. Eines Tages traute sich der Junge, ihn nach seiner Herkunft und seinen Erlebnissen zu fragen.

Haubarg Schlapphörn, der Hof der Familie Geerkens

138

Dieser erzählte, dass er zu Beginn der 1830er Jahre in St. Peter aufgewachsen war. Seine Eltern, die sechs Kinder durchbringen mussten, fielen der Gemeinde zur Last, die der Familie Schwarzbrot und im Herbst Kartoffeln und Torf zugestand. Ihn selbst gaben die Eltern im Alter von zehn Jahren zu einem Bauern, der den Jungen gegen Kost und Logis auf seinem Hof arbeiten ließ. Dadurch hatten sie einen Esser weniger. Auch als Erwachsener blieb er ein Leben lang Knecht, wanderte von einem Hof zum anderen. Den dreijährigen Militärdienst bei der königlich dänischen Garde in Kopenhagen empfand er als seine schönste Zeit, da er dort stets reichlich zu essen, gute Kleidung und Ansehen hatte.

Beim Deichbau und als Erntehelfer waren Tagelöhner sehr gefragt. Sie kamen teilweise aus weit entfernten Regionen und zogen weiter, wenn es für sie keine Arbeit mehr gab. Das Foto zeigt einen dieser Männer mit Gesteckpfeife, in der Tagelöhner gern ihren Tabak rauchten. Um 1900.

In St. Peter hätten damals viele arme Leute gelebt, erzählte er weiter. Die wenigen Höfe der Umgebung boten nur saisonale Arbeit bei den Bauern, andere bezahlte Tätigkeiten, außer gelegentliche Deicharbeiten, gab es nicht. Die Leute fingen Porren und spießten Butte in den Prielen auf, um überhaupt etwas auf den Tisch zu bekommen. Verkaufen ließen sich die Fänge kaum, denn Garding und andere größere Orte lagen zu weit entfernt. Nur alle zwei Wochen kam eine Frau vorbei und füllte ihren Korb mit Porren, die sie verhökerte. Dafür erhielten die Fischer nur ein paar Groschen. *

Als immer mehr Höfe die Milchwirtschaft aufgaben und zur Weidemast übergingen, wurden viele Landarbeiter und Mägde entlassen. Durch die Technisierung der Landwirtschaft im ausgehenden 19. und beginnenden 20. Jahrhundert gingen in der Landwirtschaft weitere Arbeitsstellen verloren.

Dampfmaschinen waren die Vorboten einer neuen Zeit. Sie trieben Lokomotiven, Schiffe, Mühlen und Produktionsanlagen in Fabriken an und ersetzten menschliche Arbeitskraft, Pferde und Ochsen. Das hatte weitreichende gesellschaftliche Veränderungen zur Folge. Arbeitsplätze gingen verloren, traditionelle Handwerksberufe starben aus. Viele Menschen zogen vom Land in die Städte in der Hoffnung, dort Arbeit und Unterkunft zu finden. Hunderte Eiderstedter, darunter komplette Familien, wanderten in der zweiten Hälfte des 19. Jahrhunderts nach Amerika aus. Zu ihnen gehörten neben Dienstknechten auch zahlreiche Handwerker wie Schuster, Bäcker, Schneider, Schmiede und Zimmerleute. Für die Wirtschaft der Halbinsel bedeutete ihr Wegzug einen nicht geringen Aderlass.

Die betrübliche Stimmung hellte sich gegen Ende des Jahrhunderts auf, als sich ein neuer Wirtschaftszweig etablierte, der später der bedeutendste Erwerbszweig auf Eiderstedt werden sollte.

---

* Nach August Geerkens: Unse Knech Siewert. In: "Am Feierabend", Sonderbeilage der "Nordfriesische Nachrichten" (Husum), 12. Februar 1962

Holzschiebkarre und Lokomobile symbolisieren auf diesem 1925
entstandenen Foto die alte und die neue Zeit.

Die dampfbetriebenen Ungetüme hielten bald überall auf den Höfen Einzug,
wie hier in Oldenswort. Das Dreschen des Getreides, das vormals viel Zeit in
Anspruch genommen hatte, erledigten Lokomobile und Helfer oft an einem
einzigen Tag. Dieses Gefährt auf Stahlrädern betrieb die Lohndrescherei
Grosskreutz. Um 1900.

Als der Tourismus begann

Die dünn besiedelte Westküste war dem Meer ausgesetzt, und ihre Bewohner hatten mit Stürmen, Fluten und Sandverwehungen zu kämpfen. Die mageren Böden, bestehend aus Marsch und Geest, brachten kaum Erträge, so dass die hier betriebene Landwirtschaft wenig ergiebig war.

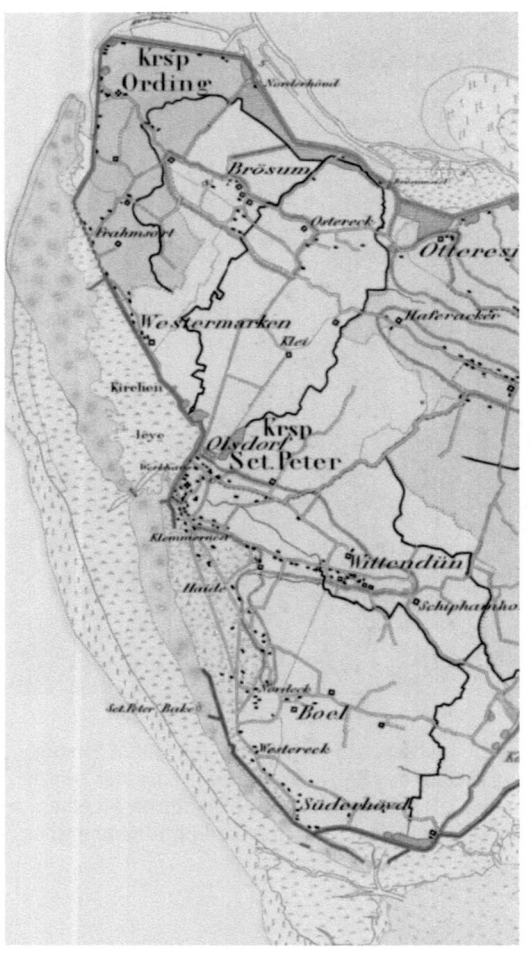

Ording und St. Peter waren einst eigenständige Gemeinden, ehe sie sich 1967 zusammenschlossen. Karte von 1861

Das Kirchspiel St. Peter hatte Mitte des 19. Jahrhunderts (mit dem Dorf Boel und anderen zugehörigen Ortsteilen) etwa tausend Einwohner, das wesentlich kleinere Kirchspiel Ording knapp zweihundert. Auf dem Landstreifen lagen verstreut 27 Höfe, etwa 210 Wohnhäuser und drei Windmühlen. Es gab zudem drei Distriktsschulen, zwei Kirchen sowie in St. Peter und Boel jeweils ein Armenhaus. Die Region galt als die ärmste Gegend Eiderstedts. Ihre Bewohner litten oft Hunger und Not. Wer ein eigenes Haus bewohnte, ein paar Schafe und Gänse hielt, Wolle verkaufte, und Fische fing, konnte sich glücklich schätzen.

Ording mit Blick auf Westerhever. Zeichnung von Fritz Stoltenberg, 1895

Typische Fischer- und Landarbeiterkaten in Ording (1920er Jahre).

Links:
Früher waren viele Küstenbewohner auch Strandräuber, die sich verbotenerweise Ladungen von havarierten Schiffen aneigneten. Gelegentlich waren auch Lebensmittel darunter. Über Orangen, die 1949 angetrieben wurden, freuten sich nicht nur die Kinder.

Vor Ording und St. Peter strandeten früher zahlreiche Segelfrachter. Den Küstenbewohnern waren ihre angeschwemmten Ladungen – manchmal Bauholz, Tee, Südfrüchte, Baumwolle und Garne – höchst willkommen.

Sturmfluten hatten die Nordseeküste immer wieder heimgesucht, zu Verwüstungen geführt und unzählige Landbewohner und Tiere das Leben gekostet. Die Menschen betrachteten das

Meer daher als Bedrohung, fürchteten und mieden es, ihm nahe zu kommen. Zu Beginn des 19. Jahrhunderts veränderte sich in gehobenen Bevölkerungsschichten das Bewusstsein und man begann, das Meer als Quelle der Gesundheit, Freude und Erholung zu betrachten. Es entstanden die ersten Badeorte: Cuxhaven (1816), Wyk auf Föhr (1819), Westerland auf Sylt (1855) und Büsum (1888).

Die ausgedehnten, feinsandigen Strände vor St. Peter boten für Badeurlaube zwar ein geeignetes Terrain. Aber dessen Abgelegenheit, unzulängliche Verkehrsanbindung und fehlende Unterbringungsmöglichkeiten waren Hindernisse für eine touristische Erschließung.

Durch den Bau einer Chaussee (1847) und Eisenbahnverbindung zwischen Tönning und Garding (1892) wurde die Eiderstedter Westküste zwar leichter erreichbar, aber die restliche, noch nicht ausgebaute Wegstrecke von Garding nach St. Peter war für Besucher höchst unbequem. Die Anreise etwa von Hamburg dauerte damals rund zwanzig Stunden. Die in Garding Ankommenden mussten hier in einen Postwagen oder auf ein gemietetes Fuhrwerk umsteigen und erreichten nach 1½stündiger Fahrt St. Peter. Ein Fuhrwerk war empfehlenswerter, da es die Fahrgäste bis hinaus zu den Gasthäusern des Seebades brachte; der Postwagen fuhr dagegen nur bis ins Dorf.

Lange nachdem andere Küstenorte bereits regen Zulauf an Badegästen verzeichneten, wurde in Ording 1865 der erste zahlende Sommerfrischler registriert, ein Lehrer aus Dresden. Aber es gab noch keinerlei Einrichtungen für Gäste. Demnach wird dieser erste Besucher mit einem Privatquartier vorlieb genommen haben, in dem es weder fließendes Wasser noch einen Stromanschluss gab.

Die 1847 fertiggestellte Chaussee von Tönning nach Garding führte durch den Ort Katharinenheerd. Ansichtskarte, um 1910.

Diese Männer verlegten zu Beginn der 1890er Jahre die Eisenbahnschienen zwischen Tönning und Garding.

Bewohner solcher Katen vermieteten Urlaubern ihre Wohnzimmer und zogen selbst in den Stall oder auf den Dachboden. Auf Komfort mussten die Gäste jedoch verzichten. Ansichtskarte, undatiert

Erst zwölf Jahre später wurde auf einem strandnahen Naturgelände zwischen Ording und St. Peter, das heutige Bad, das erste Gästehaus errichtet, dessen Bau von einer Hamburger Aktiengesellschaft finanziert worden war. Bald entstanden weitere solcher Häuser, dann Hotels und schließlich auch Privatvillen.

Die Gebäude lagen in St. Peter Bad jedoch auf offenem Gelände, weit abseits des Dorfes. Hier eine Rundumversorgung für die Gäste und den Badebetrieb zu organisieren, war für die Betreiber eine schwierige Aufgabe. Sie ließen Badekarren bauen, stellten Karrenwärter, Wäschefrauen und anderes Personal ein, um ihren Gästen einen möglichst angenehmen Urlaub bieten zu können.

Das 1877 erbaute Strand-Hotel war das erste Gästehaus in St. Peter-Bad.

147

Die großzügige Loggia im Strand-Hotel bot den Gästen auch bei widrigem Wetter geschützte Plätze mit viel Licht und Fernblick.

Am Strand von St. Peter. Zeichnung von Fritz Stoltenberg, 1895

Vermutlich Ende der 1880er Jahre wurde das luxuriöse Hotel *Kurhaus* in Strandnähe eröffnet. Es bot Zentralheizung, 15 Autogaragen und rühmte sich, vornehmes und größtes Hotel im Ort zu sein, das außerdem noch über drei angeschlossene Villen verfügte.

148

Die touristische Entwicklung des Bades ging in den Anfangsjahren allerdings nur schleppend voran. So verzeichnete St. Peter
1883 gerade mal zweihundert Gäste. Als 1892 in Hamburg die
Cholera ausbrach, wurden von dort sehr viele Kinder für
mehrere Wochen nach St. Peter geschickt, um sie vor der
Epidemie zu schützen. Dieser Zustrom und die damit
verbundenen Einkünfte schufen die Grundlage für die Entwicklung eines florierenden Kurortes. Im selben Jahr entstand das
Hotel *Wilhelminenhöh* für Lungenkranke. In den folgenden Jahren
wurden zahlreiche weitere Kinderheime, Sanatorien, Internate
sowie Hotels und Pensionen gebaut. Die Investoren schufen
Arbeitsplätze, vergaben Aufträge und brachten der Region den
ersehnten wirtschaftlichen Aufschwung.

Hamburger Kindererholungsheim *Köhlbrand*, um 1910

Der Speisesaal von Haus *Köhlbrand*.

Am wachsenden Fremdenverkehr partizipierten auch andere Orte auf Eiderstedt. Höfe und Haubarge wurden zu Pensionen und sogenannten Badewirtschaften umfunktioniert, etwa in Vollerwiek, wo eine Badestelle vorhanden war.

Badewirtschaft mit dem ungewöhnlichen Namen *Holt stopp!* in Vollerwiek

Der Ansturm so vieler Urlaubsgäste hatte weitreichende Folgen für das Leben der hier ansässigen Bewohner. Es galt, den Ansprüchen der Gäste gerecht zu werden, Raum zu schaffen für Unterbringung und Versorgung, sich in neue Aufgaben einzuarbeiten und auch von ihren Grundstücken zu weichen, um Platz für Neubauten zu schaffen. Die regionale Wirtschaftsstruktur, das Alltagsleben der Dorfbewohner und das Erscheinungsbild ihrer Gemeinden sollten sich schon bald tiefgreifend verändern.

Villen und Pensionen verdrängten die Arbeiter- und Fischerkaten und neue Häuserzeilen die pittoresken alten Dorfstraßen.

Villen, Pensionen und Geschäftshäuser, wie diese Bäckerei im Vordergrund des Bildes, prägten bald das neue Gesicht des Badeortes St. Peter.

Ausflug nach St. Peter

Auch manche Eiderstedter Familien machten damals gelegentlich Tagesausflüge an die Westküste, um sich am Strand und in den Dünen zu tummeln und von der Meeresbrise umwehen zu lassen. August Geerkens erlebte als Kind solche Ausflüge und erzählte in einem Aufsatz * davon:

Mit eingepacktem Proviant machte sich die Familie in den 1880er Jahren auf dem leichten Jagdwagen von Schlapphörn auf den Weg. Bis nach Garding dauerte die Fahrt etwa eine Stunde. Dort machte die Familie Rast im Gasthof *Wilhelmsruh*, fütterte die Pferde und trank eine Tasse Kaffee.

---

* August Geerkens: *Paul Kühl. St. Peter. Erinnerungen.* In: "Am Feierabend", Sonderbeilage der *Nordfriesische Nachrichten*, 10. Juni 1963

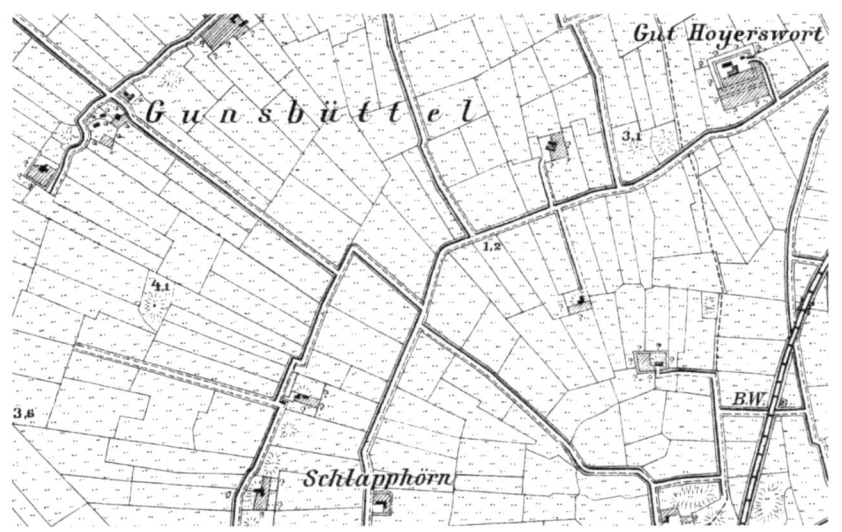

Schlapphörn, Stammhof der Familie Geerkens, gehörte zu Gunsbüttel, einem
Ortsteil von Oldenswort. Preußische Landesaufnahme, 1878

Der Gasthof "Wilhelmsruh". Ansichtskarte, ca. 1907

153

Dann ging es die lange Chaussee über Wilhelminenkoog nach St. Peter-Dorf weiter. Ab hier wurde die Fahrt auf ausgefahrenen Sandwegen langsam und beschwerlich. Schließlich erreichte die Familie nach insgesamt etwa dreistündiger Reise ihr Ziel, die hohen Dünen von St. Peter.

Hier wurden nun die Pferde ausgespannt und hinten an den Wagen gebunden. ... Die Erwachsenen hielten nach der See Ausschau, aber das Meer war meist verreist, Ebbe- und Flutkalender hatte man noch nicht, oder nicht eingesehen, so war man nur von Sand umgeben und sah nichts als Dünen; denn noch stand hier kein Baum noch Busch. Uns Kinder genierte das gar nicht, wir spielten und tollten in den Dünen, bis wir hungrig waren und uns zum Essen meldeten. Auch für die Großen war Vertilgung der vielen mitgebrachten Butterbrote mit Ei, Käse, Wurst und Schinken eine gern wahrgenommene Kurzweil, wozu heißer Tee und Kaffee aus papierumwickelten Flaschen den Durst löschten. Spätestens um 3 wurde die Heimreise angetreten, damit man zur Melkzeit wieder zu Hause war. Aber jedes Jahr war die Fahrt nach St. Peter ein Festtag für jung und alt; denn es war einer der wenigen Ausflüge, die man sich gönnte.

In den 1890er Jahren war St. Peter zum Bad erhoben worden. Es gab nun vier kleine Hotels und eine Klinkerchaussee, auf der die ersten Sommergäste zu ihnen gelangen konnten. Aber *sonst war da noch alles wüst und einsam.... es gehörte allerhand Wagemut dazu, hier in dieser Einöde Hotels zu bauen und auf Badegäste zu warten ...*

Doch bereits wenige Jahre später gesellten sich zahlreiche Sommerhäuser dazu, die sich reiche Leute bauen ließen. Der Hamburger Buchdrucker Christians hatte eine Broschüre über St. Peter herausgegeben, die erfolgreich Gäste für das Bad anwarb. Zu den regelmäßigen Gästen gehörte später auch August Geerkens mit eigener Familie. Sie logierten im Hotel St. Peter.

Das Hotel *St. Peter.*
Um 1917

Das Haus hatte schöne Zimmer ... der ganze Zuschnitt war sonst einfach bürgerlich. Erholungsbedürftige Leute, wie heute, gab es noch nicht so viel, dann kam es meist zu längeren Abendsitzungen bei Grog und Wein, und wer schlafen wollte, fand schlecht sein Recht.

Ein breiter tief Priel verlief damals fast bis vor die Hotels. Für ihre Gäste schafften die Betreiber der Gasthäuser Badekarren an, die mit Pferden ein Stück weit ins Wasser gezogen wurden. Sie sollten Damen ein Bad ermöglichten und sie gleichzeitig vor neugierigen Blicken schützen. Für ein richtiges Wellenbad mussten die Gäste den Priel überwinden und eine davor liegende Sandbank erreichen. Einige Fischer boten an, sie mit Segelbooten über den Priel zu setzen und sie später auch wieder von der Sandbank abzuholen. Damit begann in St. Peter ein lebhafter Badebetrieb. Im Lauf der Zeit wurde der Priel immer kleiner und flacher, die Strömung geringer, so dass der Strand verschlickte und dadurch für die Badegäste unattraktiv wurde. Eine in den 1926 erbaute Brücke, die zur Sandbank führte, rettete das Seebad und machte es für Besucher noch anziehender, wie sich August Geerkens erinnerte.

Die Seebrücke wurde bereits ein Jahr später durch eine Eisflut zerstört.

In den Anfangsjahren bot das Strandbad seinen Gästen zwar viel Natur, aber wenig Unterhaltung. Gebadet wurde wenig. Man ging modisch gekleidet am Strand spazieren, erkundete die Landschaft, baute Sandburgen, stapfte durch den Schlick. Manche Einheimische werden das Verhalten der Urlauber wohl ziemlich merkwürdig gefunden haben.

Nordseebad St. Peter-Ording
Fidele Schlickpartie

157

Wasser treten, Festungen bauen und Dünen erklimmen.
Impressionen aus den 1910er Jahren.

1911 entstand auf der Sandbank dieser erste Pfahlbau, die *Giftbude*. Sie bestand bis 1935 und erhielt ihren Namen, weil es hier etwas zu kaufen – *to kopen gifft.*

© Chronik-Archiv St. Peter-Ording

In den 1920er und 1930er Jahren waren die Übernachtungszahlen derart gestiegen, dass die Gemeinden und die Bahndirektion beschlossen, die bestehende Gleisstrecke Tönning-Garding bis nach St. Peter zu verlängern, was 1932 umgesetzt wurde. Die Gemeinden Ording und St. Peter stritten um den Stationsnamen und einigten sich schließlich auf *Bad St. Peter-Ording* (später umbenannt in *St. Peter-Süd*). Diese Bezeichnung wurde daher nicht nur im Bahnverkehr, sondern auch bei Urlaubern und in Bäderführern bereits in den 1930er Jahren zum festen Begriff, obwohl die Vereinigung beider Orte zu einer einzigen Gemeinde erst 1967 offiziell stattfand.

Durch die verbesserte Verkehrsanbindung kamen noch mehr Gäste, die untergebracht und versorgt werden mussten. Dafür wurde eine entsprechende Infrastruktur geschaffen, die dem Bad allmählich einen städtischen Charakter verlieh.

In St. Peter-Bad nahm die Bebauung stetig zu. Auch am Strand mehrten sich die Sandburgen, wie das untere Foto aus den 1930er Jahren zeigt.

Gäste mit langer Anreise blieben für mehrere Tage oder Wochen. Es gab aber auch zahlreiche Tagesbesucher, die aus der näheren Umgebung kamen. Sie hatten von der Urlauberhochburg gehört, waren neugierig und wollten sich auch einmal am Meer vergnügen.

Tagesausflügler wie diese Gruppe, die 1927 aus dem Schleswiger Raum über Husum mit dem Bus anreiste, kamen in Scharen.
Unten: Hemmerdeicher Schülerinnen 1955 in St. Peter.

Nicht nur der breite 12 Kilometer lange Sandstrand machte das Bad für Urlauber attraktiv, auch abendliche Tanzbälle, Lustfahrten, Vorträge und andere Unterhaltungsangebote trugen zum Vergnügen bei.

Auf der Sandbank wurde 1938 das erste Pfahlbau-Restaurant eröffnet.

In den 1920er und 1930er Jahren erlebten die Gäste ungetrübte sommerliche Badefreuden, bis der Krieg dem Urlaubsvergnügen 1939 ein jähes Ende bereitete. Erst zu Beginn der 1950er Jahre begann sich der Badebetrieb von dieser Zäsur wieder zu erholen und wuchs wenige Jahrzehnte später zu einer regelrechten Tourismusindustrie, die sich nicht nur in St. Peter-Ording, sondern auf ganz Eiderstedt ausdehnte und auf der Halbinsel zum bedeutendsten Wirtschaftszweig wurde. Im Jahr 2023 verzeichnete der Badeort mit seinen knapp 3.900 Einwohnern über 2,7 Millionen Übernachtungen und mehr als eine halbe Million Tagesgäste.

Zeitungen für Stadt und Land

Die Bewohner Eiderstedts lebten weit verstreut in Dörfern, in kleinen Ansiedlungen und auf entlegenen Höfen. Nur Garding und Tönning, die Zentren der Halbinsel, besaßen eine städtische Struktur, in denen sich wichtige Neuigkeiten und Ereignisse von Mund zu Mund schnell verbreiten konnten. Für ein funktionierendes Wirtschaftsleben und Gemeinwesen war die Verbreitung von wichtigen Nachrichten unerlässlich. Aus dieser Erkenntnis heraus kam es 1799 in Friedrichstadt zur Gründung einer ersten Zeitung, dem *Eiderstedter und Stapelholmer Wochenblatt*. 1841 erschien in Tönning das *Eiderstedter Wochenblatt.* Der Versuch, in Garding eine weitere Zeitung in Eiderstedt ins Leben zu rufen, scheiterte. Die dänische Regierung verweigerte dazu die Genehmigung, offenbar, weil sie eine illoyale politische Ausrichtung des neuen Blattes befürchtete. Erst nach der Niederlage Dänemarks im Deutsch-Dänischen Krieg von 1864 konnte das Vorhaben realisiert werden. Der Verlag H. Lühr & Dircks, der heimatkundliche Schriften und Bücher veröffentlichte, gab in jenem Kriegsjahr erstmals die *Eiderstedter Nachrichten* heraus, die anfänglich nur einmal in der Woche erschienen. Schon bald wurde ihre Zeitung das auflagenstärkste Blatt auf der Halbinsel.

Im *Handbuch der Presse* von 1902 werden vier Eiderstedter Zeitungen aufgelistet:

Eiderstedter Nachrichten. Erscheinungsort Garding. Erscheinungsweise: 5 x in der Woche. Verbreitungsgebiet: Garding, Eiderstedt und angrenzende Distrikte der Kreise Husum und Schleswig. Auflage: 1.850. Richtung und Inhalt: liberal; eigene Beilage "Für den Feierabend" 1 x wöchentlich.

Eiderstedter und Stapelholmer Wochenblatt. Erscheinungsort: Friedrichstadt. Erscheinungsweise: 3 x in der Woche. Verbreitungsgebiet: Eiderstedt und Stapelholm. Auflage: 900. Fremdbei-

lagen: "Illustrirtes Sonntagsblatt", 1 x wöchentlich (aus Berlin);
"Landwirtschaftliche Beilage" (aus Bielefeld).

Eiderstedter Wochenblatt Tönninger Zeitung. Erscheinungsort:
Tönning. Erscheinungsweise: 2 x in der Woche. Verbreitungsgebiet: Kreis Eiderstedt und Umgebung. Auflage: 1.140. Fremd-
beilage: "Illustrirtes Unterhaltungsblatt" (aus Berlin).

Eider-Bote. Insertionsorgan und Unterhaltungsblatt für Jeder-
mann. Erscheinungsort: Tönning. Erscheinungsweise: 2 x in der
Woche. Verbreitung: Tönning und Umgebung. Auflage: 550.
Gegründet 1894.

Die von vielen Zeitungsverlagen zugekauften Beilagen lieferten unterhaltsame Beiträge
aus aller Welt und wichtige landwirtschaftliche Neuerungen.

Im II. Weltkrieg mussten viele Zeitungen in Deutschland,
darunter auch das *Eiderstedter Wochenblatt* aus "kriegswirt-

schaftlichen Gründen" ihr Erscheinen einstellen. Die *Eiderstedter Nachrichten* verschmolzen nach dem Krieg mit den *Husumer Nachrichten* und hörten damit auf, als eigenständiges Blatt zu existieren. Die kleinen Verlage in Eiderstedt und Friedrichstadt konnten im Wettbewerb mit größeren Verlagen nicht bestehen und brachten nach 1945 keine Zeitungen mehr heraus.

Die Heimatzeitung war für die Eiderstedter nicht nur die wichtigste Informationsquelle. Sie war auch identitätsstiftend und verband die Menschen mit ihrer Heimat, ihrer Kultur und Geschichte.

Maler und Fotografen

Zahlreichen Malern ist es zu verdanken, dass sie in einer Zeit, als es die Fotografie noch nicht gab, Eiderstedter Landschaften und inzwischen verlorengegangene Bauwerke in ihren Bildern festhielten. Der wohl bedeutendste von ihnen war der in Tönning als Sohn eines wohlhabenden Hofbesitzers und Ratsherren geborene Jürgen Ovens (1623 – 1678). Er ging nach Amsterdam und studierte in Rembrandts Werkstatt. Sein Malstil wurde daher stark von niederländischen Meistern geprägt. Ovens porträtierte Herzog Friedrich III. und Herzogin Maria Elisabeth. Er malte großformatige Historienbildnisse und schuf zahlreiche Gemälde für Angehörige des herzoglichen Hofes, der ihn auch förderte. Eiderstedt war für diesen Maler, der 1666 im Kirchspiel Tetenbüll einen Haubarg erwarb und das prächtigste Haus in Friedrichstadt bewohnte, jedoch noch kein Sujet. Dieses entdeckten für sich erst spätere Maler wie Fritz Stoltenberg (* 1855 in Kiel), Jacob Alberts (* 1860 in Westerhever) und Jan Hamkens (* 1863 in Oldenswort).

Zahlreiche Eiderstedter Motive malten auch Alexander Eckener (* 1870 in Flensburg) und der in Ellerbek bei Kiel geborene Ingwer Paulsen (1883 – 1943 Halebüll), wobei Paulsen sich besonders durch feine Radierungen hervortat. Von ihm erschien eine ganze Bildermappe über die Halbinsel.

Weitere Maler, die sich in ihren Arbeiten der Halbinsel widmeten, waren Carsten Kühl (* 1887 in Oldenswort), der als „Maler der Haubarge" bekannt wurde, sein Malerfreund Albert Johannsen (* 1890 in Husum), Heinrich Blunck (* 1891 in Kiel) und die in Flensburg geborene Malerin Margareta Erichsen (1916 – 2006), die besonderes Augenmerk auf historische Bauwerke und deren architektonische Erscheinung legte .

Fritz Stoltenberg, Porträt
von Oscar Björck,1884

Martje Flohrs Wurt in Katharinenheerd. Zeichnung von Fritz Stoltenberg, 1895.

167

Porträt des Malers und Graphikers
Alexander Eckener, 1929. In seinen
Landschaftsbildern spielen Himmel
und Wolken oft eine besondere Rolle.

In dieser 1914 entstandenen Radierung mit dem Titel *Nordseedeich* gab
Eckener dem Himmel viel Raum.

Ingwer Paulsen, um 1920.
Er porträtierte seine nordfriesische
Heimat vor allem in Radierungen.
Zeitweise bewirtschaftete er einen
eigenen Bauernhof, den Ziegelhof
am Südufer der Treene bei Friedrichstadt.

Unten:

Diese Radierung *Haubarg unter
Bäumen* entstand um 1925.

Carsten Kühl, der Sohn eines Pastors, wuchs mit sechs weiteren Geschwistern in Oldenswort auf. Nach seiner Schulzeit machte er zunächst eine landwirtschaftliche Ausbildung und studierte anschließend in Berlin und Nürnberg Malerei und Bildhauerei. 1912 wanderte er nach Brasilien aus, kam aber zu Beginn des I. Weltkrieges wieder nach Deutschland und wurde Soldat. Nach dem Krieg ließ er sich in Berlin als Bildhauer nieder. Anfang der 1930er Jahre kehrte er nach Eiderstedt zurück und schuf hier etwa achtzig Ölgemälde mit Landschafts- und Haubargsmotiven

Priel bei Olversum mit Blick auf die Katinger Kirche. Gemälde von Carsten Kühl, undatiert.

Thusnelda Kühl (1872 – 1935), seine ältere Schwester, arbeitete als Lehrerin und wurde später eine bekannte Schriftstellerin. Sie schrieb vierzehn Romane und zahlreiche Erzählungen, deren Handlungen fast alle in ihrer friesischen Heimat angesiedelt sind.

Margareta Erichsen, die über vierzig Jahre bis zu ihrem Tod 2006 in Husum lebte, hat in unzähligen Blättern Häuser, Straßen und Landschaften in Flensburg und Nordfriesland gezeichnet und aquarelliert. Ihre Bilder wurden in mehreren Büchern, u. a. in *Häuser und Höfe in Eiderstedt* (1998) veröffentlicht.

Motive aus Westerhever: Die Knudswarft (oben) und das Turmhaus auf einem Mitteldeich zeichnete Margareta Erichsen im Jahr 1973.

Heinrich Blunck: *Wehle in Eiderstedt*. Lithographie, vermutlich in den 1940er Jahren entstanden. © Heinrich-Blunck-Stiftung

Blunck lebte mit seiner Frau von 1942 bis 1950 zurückgezogen in einer Kate bei Simonsberg, und war dort malerisch sehr produktiv. Seine bevorzugten Motive waren die Simonsberger Umgebung sowie die nordfriesische Hallig- und Wattenmeerlandschaft.

Im 19. Jahrhundert machte eine neue Erfindung, die Fotografie, den Malern Konkurrenz. In den 1840er Jahren eröffneten in den Städten erste Fotostudios. Die Daguerreotypie schuf lichtbeständige, seitenverkehrte Fotografien. Die dafür verwendeten Edelmetalle Silber und Kupfer waren allerdings sehr teuer und die Bilder daher nur wohlhabenden Schichten vorbehalten. Die bei der Bildfixierung entstehenden Zyankali- und Quecksilberdämpfe führten zum frühen Ableben mancher Fotografen. Neue Verfahren machten die Fotografien zwar günstiger und ihre Entwicklung einfacher und weniger gesundheitsgefährdend, aber die erforderlichen Apparaturen waren aufwändig und schwer. Für Aufnahmen in freier Landschaft mussten eine große Kamera, ein Stativ und einiges Zubehör transportiert werden. Die Ausrüstung konnte über hundert Kilogramm wiegen.

Als in den 1880er Jahren industriell hergestellte Trockenplatten aufkamen, wurde das Fotografieren massentauglicher. Die neuen Platten waren im Gegensatz zu den bisher üblichen Nassplatten lagerfähig. Zudem waren sie billiger und auch für Amateure bezahlbar. Anfang des 20. Jahrhunderts kauften sich viele von ihnen eine Kamera und begannen, mit ihr Landschaften und ländliches Leben in Bildern einzufangen. Zwei von ihnen widmeten sich besonders der Eiderstedter Landschaft: Theodor Möller und Ernst Christian Payns.

Theodor Möller (1873 – 1953)

Er war des Sohn eines Bauern aus Rumohr bei Kiel und wurde Volksschullehrer. 1924 vom Dienst beurlaubt, widmete er sich fortan der Fotografie, mit der er sich bereits seit vielen Jahren in seiner Freizeit beschäftigt hatte. Möller bereiste seine schleswigholsteinische Heimat und machte Tausende Aufnahmen von Landschaften, ihren Bewohnern und Bauwerken. In den Jahren 1904 bis 1936 hielt er sich auch immer wieder auf Eiderstedt auf und schuf Bilder von bestechender Qualität. Seine bevorzugten Motive waren Haubarge, Menschen in ihrem Alltag und das weite grüne Land.

1950 schenkte er seine Bildersammlung dem Landesamt für Denkmalpflege. Eine repräsentative Auswahl der in Eiderstedt entstandenen Fotos spendete der Unternehmer Günther Fielmann 2012 dem Museum Haus Peters in Tetenbüll.

Marschlandschaft mit Entwässerungsmühle, Neukrug. Theodor Möller, 1905

Ernst Christian Payns

Dem Kaufmann und Amateurfotografen (1888 Oster-Offenbülldeich – 1975 Lübbecke/Westfalen) verdanken wir zahlreiche historische Fotografien, die er in den 1920er und 1930er Jahren
überwiegend in seiner Heimat Eiderstedt aufgenommen hat.

Nach dem Besuch der Volksschule absolvierte er eine kauf-
männische Lehre in Oldenswort und war nach seiner Ausbildung
in verschiedenen Orten in Nordfriesland tätig. 1910 nahm er in
Ost-Bordelum die Stelle eines Handlungsgehilfen an und
verkaufte dort in einem Geschäft Kolonial-, Back-, Kurz- und
Eisenwaren. Einige Jahre zuvor hatte er im Schaufenster eines

174

Gardinger Uhrmachers einen kastenförmigen Fotoapparat entdeckt, den er kurzentschlossen mit allem Zubehör, das für ein kleines Fotolabor erforderlich war, erwarb.

Von da an begab er sich in jeder freien Stunde zu Fuß oder auf dem Fahrrad mit Kamera und Stativ auf Motivsuche und porträtierte seine Heimat. 1919 machte er sich zusammen mit seiner Frau Sophie in Sieversfleth mit einem Hökerladen selbständig. Er folgte aber weiterhin seiner Leidenschaft und fotografierte Landschaften, Häuser und Menschen der Region. In seiner knapp bemessenen freien Zeit war er nach wie vor mit der schweren Apparatur, die er später durch eine kleinere, handlichere Kamera ersetzte, landauf, landab unterwegs und schuf über tausend eindrucksvolle Bilder von Landschaften, Häusern und Bewohnern seiner Heimat, die er seinen staunenden Landsleuten in Lichtbildervorträgen präsentierte. Nachdem seine Frau verstorben war und er sein Geschäft aufgegeben hatte, zog Ernst Payns zu seiner Pflegetochter nach Westfalen und verstarb dort im Alter von 86 Jahren. Handschriftlich unter dem Titel *Marschenheimat* verfasste er seine Lebenserinnerungen. Sie werden im Kreisarchiv Nordfriesland in Husum verwahrt. Darin schildert er Eindrücke aus seiner Kindheit und von seinem Zuhause:

Auf Offenbülldeich ... lag das alte Elternhaus. Eine glückliche Kindheit habe ich dort verlebt. Im Geiste sehe ich noch alles vor mir. Von fern her grüßt der wuchtige Kirchturm von Oldenswort, eine Mühle dreht ihre Flügel im Winde. Am Deich wogt das Korn. Mir ist, als spürte ich noch den Duft der Bohnenblüte. Und dann kam das Elternhaus! Mutter stand am Feuerherd und heizte den Teekessel mit Schafditten. Vater kam müde mit der Sense über der Schulter von der Arbeit. Wie schöne Sommerabende gab es, wenn der Holunder duftete und die Fledermäuse um das Hausdach schwirrten! Mutter strickte draußen an der von der Abendsonne beschienenen Hauswand und Vater rauchte die lange Pfeife.

Das Haus der Familie Payns auf Oster-Offenbülldeich. Gemälde eines unbekannten Malers, um 1920.

Inmitten der Marsch in Offenbülldeich, einem Ortsteil von Oldenswort, wuchs Ernst Pays auf. In der Nähe seines Elternhauses lag eine Ziegelei, der Steinbrennerhof, und der *Schmierkrug* (auch *Spreenfang* genannt). Im Krug machten die Viehtreiber Station, wenn sie Vieh vom Husumer Ochsenmarkt nach Eiderstedt brachten. Zum Einfetten der Radnaben vorbeikommender Wagen lag im Krug ein Topf mit Schmierfett und ein Quast bereit, daher rührt der Name der Gastwirtschaft. In dieser Marschregion lebten nur wenige Menschen. Die benachbarte Siedlung Schiedhörn, nordwestlich von Offenbülldeich gelegen, verzeichnete 1888 vier Häuser und 21 Einwohner.

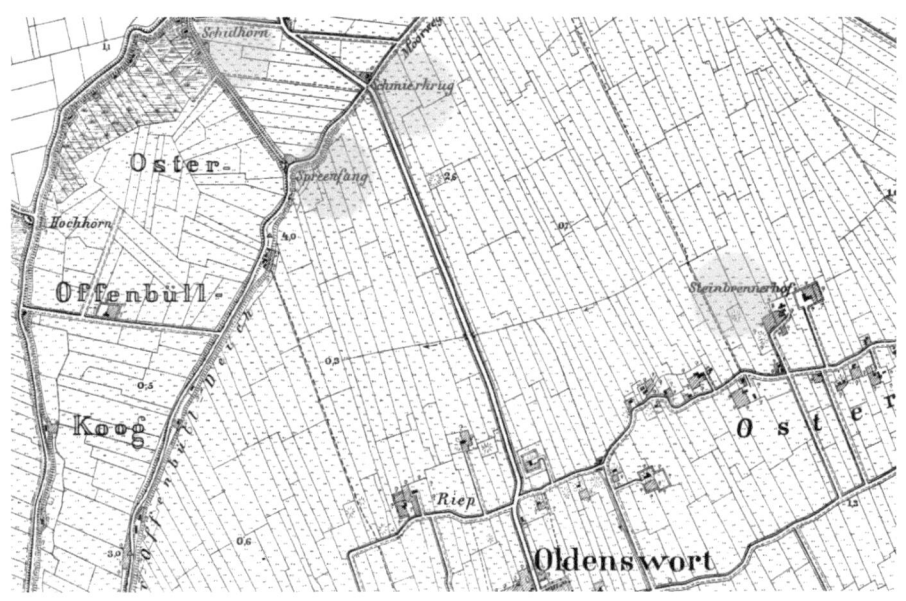

Die zu Oldenswort gehörigen nördllich gelegenen Ortsteile.
Königlich Preußische Landesaufnahme von 1878

Die folgenden Seiten zeigen eine Auswahl aus der großen Zahl von Fotografien, die Ernst Payns zwischen den beiden Weltkriegen in Eiderstedt aufgenommen hat. Die Originalbildplatten befinden sich im Nordfriisk Instituut, Bredstedt, das die Aufnahmen zur Verfügung stellte und deren Veröffentlichung freundlicherweise erlaubte.

177

In Offenbülldeich am Ochsenweg, der von Husum zu den Eiderstedter Fennen
führte, lag der *Schmierkrug*, an dem die Viehtreiber Halt machten.
Unten: Bauernhof mit umliegenden Ländereien auf Schiedhörn. Der fruchtbare
Marschboden dieser Gegend erbrachte hohe Ernteerträge.

Uelvesbüll mit Dorfkern und Kirche.
Unten: Die Siedlung Porrendeich in Uelvesbüll.

Uelvesbüll. Gang hinter den Katen, die in Ermangelung von Warften zum Schutz gegen Überschwemmung direkt auf den Deich gesetzt wurden.

Unten:
Hinter einem Deich liegend sucht auch dieses Häuser-Ensemble in Kating Schutz vor Nordseefluten

Haubarg Rothelau bei Kating.
Unten: Mühle *Emanuel* am Westerdeich in dem Dorf Welt. Sie gehört zum
Typ Kellerholländer und wurde 1889 erbaut.

Bauernkaten in Sieversbüll bei Westerhever.
Unten: Blick auf Stufhusen bei Westerhever.

182

Bei Witzwort liegt unter hohem Himmel der mächtige Rote Haubarg.
Unten: Teepavillon im Garten des Hofes Hamkens, Warmhörn.

Abbildungsnachweis:

Archiv Chronik-Oldenswort: Seite 22, 75 (2), 76 (2), 77, 80 (2), 81 unten, 82, 129, 130, 133 unten, 134 oben, 141 (2), 161 unten, 176

AG Orts-Chronik St. Peter-Ording: 110 unten, 144 unten

Historische Ansichtskarten: 50, 56, 62 unten, 63 oben, 66, 67, 68, 71, 81 oben, 84, 88 unten, 89 oben, 91 , 92 oben, 97 oben, 99, 103, 108, 109 unten, 123, 124 oben, 126 unten, 134 unten, 139, 144 oben, 147 (2), 148 oben, 149, 150 (2), 151 (2), 152, 155 - 162

Det Kgl. Bibliotek, Kopenhagen: 9, 12, 13, 18 unten, 26, 27, 88 oben, 20, 100, 121, 127 unten, 142

Nordfriisk Instituut, Bredstedt: 16, 21, 93, 171 (2), 178 - 183

Landesamt für Denkmalpflege, Kiel: 17, 70 (2), 97 unten

Antiquariat Norbert Haas: 19 oben

Dansk Centralbibliotek, Flensburg: 18 oben, 59, 61, 63 unten, 64, 127 oben, 146 unten

Freilichtmuseum Molfsee: 20

Schleswig-Holsteinische Landesbibliothek: 24, 168 (2)

Kreisarchiv Nordfriesland, Husum: 34, 89 unten, 92 unten, 110 oben, 135, 165

nwz-online/Linda Thorlton: 54

LWL-Medienzentrum für Westfalen: 73

Museum Haus Peters, Tetenbüll: 131, 174

IG Baupflege e. V.: 85, 120, 126 oben

Scan aus Baudissin, Adelbert Heinrich von: Schleswig-Holstein Meerumschlungen, Stuttgart 1865: 72

Archiv des Landeskonservators Schleswig-Holstein: 86

Archiv Siegfried Spratte: 113 (2), 114, 115, 116 unten

www.wikipedia.org: 14, 15, 28, 35, 37, 40, 45, 51, 52, 53, 94, 104, 105, 112, 119, 167 (2)

www.wikimedia.org: 30, 47, 143, 148 unten, 169 oben

www.nordfriiskfutur.eu: 95

www, artnet.de: 120, 170

www.invaluable.com: 169 unten

www.museen-sh.de: 19 unten, 62 oben

Scan aus der Zeitschrift "Die Heimat", Jg. 1925: 138

Auktionshaus LotSearch, Stuttgart: 133 oben

Benutzte Literatur und Quellen (Auswahl):

Abraham, Jann: Die Olversumer und Tönninger Krabbenfischer. Ein Rückblick auf die Fischerei in Olversum und Tönning. Niebüll 2004

Deutscher Seefischereiverein (Hg.): Deutscher Seefischerei-Almanach für 1898. Leipzig 1897

ders.: Mitteilungen der Section für Küsten- und Hochseefischerei. Bände 7 - 9. Berlin 1891

Feddersen, Friedrich: Beschreibung der Landschaft Eiderstedt. Altona 1853

Hansen, C(hristian) P(eter): Chronik der friesischen Uthlande. Garding 1877, 2. Auflage

Heimatbund Landschaft Eiderstedt (Hg.): Blick über Eiderstedt, Band 5. Husum 2008

ders.: Blick über Eiderstedt, Band 3. Husum 1991

Hill, Thomas: Die Stadt und ihr Markt. Bremens Umlands- und Außenbeziehungen im Mittelalter (12. - 15. Jahrhundert).Stuttgart 2004

Kürschner, Joseph: Handbuch der Presse. Berlin, Eisenach, Leipzig 1902

Lehnert, Hugo: Rasse und Leistung unserer Rinder. Heimat, Beurteilung und Verbreitung. Berlin 1896

Meiborg, R.: Das Bauernhaus im Herzogtum Schleswig und das Leben des schleswigischen Bauernstandes im 16., 17. und 18. Jahrhundert. Schleswig 1896

Panten, Albert; Steensen, Thomas; Porade, Haik-Thomas (alle Hg.): Eiderstedt - Eine landeskundliche Bestandsaufnahme im Raum St. Peter-Ording, Garding, Tönning und Friedrichstadt. Köln 2013

Petersen, H. T.: Beschreibung des Dännischen Gesammtstaates, Tönning 1857

Petersen, J. A.: Wanderungen durch die Herzogthümer Schleswig, Holstein und Lauenburg. Kiel 1839

Spratte, Siegfried: Störe in Schleswig-Holstein. Vergangenheit, Gegenwart, Zukunft. Herausgegeben vom Landesamt für Landwirtschaft, Umwelt und ländliche Räume des Landes Schleswig-Holstein, Kiel 2014

Steensen, Thomas: Die Niederlande und die Westküste Schleswig-Holsteins. Aufsatz in: www.geschichte-s-h.de

ders.: Zwischen Bleisatz und E-Book. Zur Geschichte der Husumer Nachrichten und der Verlagsgruppe Husum. Husum 2023

Volckmann, Erwin: Deutschland's Seebäder. VI. Die Nordseebäder Schleswig-Holstein's nebst Cuxhaven und Helgoland. Rostock 1896

von Baggesen, August: Der dänische Staat, oder das Königreich Dänemark mit dessen Nebenländern und den Herzogthümern Schleswig, Holstein und Lauenburg, geographisch und statistisch dargestellt. Kopenhagen 1845

von Schröder, Johannes: Topographie des Herzogthums Schleswig. Oldenburg in Holstein 1837

Winter, Edgar: Kalkbrennereien in Eiderstedt, Husum und Friedrichstadt im 18. und 19. Jahrhundert. In: Nordfriesisches Jahrbuch 1996/1997, Band 32/33. Bredstedt 1997

Wörl, L.: Die Presseverhältnisse im Königreich Preussen. Würzburg 1881

Adress-Bücher:

Adressbücher der Stadt Hamburg (einschließlich Schleswig-Holstein), ab 1880

Leuchs Adressbuch, Band 13: Schleswig-Holstein einschliesslich Herzogtum Lauenburg u. Fürstentum Lübeck, Nürnberg 1886

Adress-Buch der Stadt und des Kreises Husum sowie der Städte Friedrichstadt, Tönning, Garding. Erste Ausgabe 1900. Husum 1900

Ibbekens Adreßbuch für Schleswig-Holstein, Lauenburg, Provinz Lübeck u. die an Dänemark gefallenen Gebiete. Schleswig 1911

Web-Portale:

www.chronik-spo.de
www.chronik-oldenswort.de

Dank ...

... der freundlichen Unterstützung der Mitarbeiter verschiedener Archive, konnte ich auf seltenes historisches Bildmaterial zurückgreifen, das dort in mühevoller Arbeit zusammengetragen, bearbeitet und der Öffentlichkeit zugänglich gemacht wird. Für ihre Hilfe möchte ich mich herzlich bei Andreas Montag von der AG Chronik-Oldenswort, Claus Heitmann von der AG Orts-Chronik St. Peter-Ording, Sara Toschke, der Leiterin des Kreisarchivs Nordfriesland in Husum sowie bei Dr. Harald Wolbersen vom Nordfriisk Instituut in Bredstedt bedanken. Mein Dank gilt auch dem ehemaligen Fischer und Buchautor Jann Abraham für die erteilten Auskünfte über die aktuelle Situation der Tönninger Krabbenfischerei.

Mehreren anderen Archiven und Bibliotheken verdanke ich weiteres Bild- und Kartenmaterial. Viele von ihnen stellen ihre Schätze interessierten Nutzern mittlerweile über das Internet frei zugänglich zur Verfügung und ersparen ihnen dadurch weite Anreisen.

Meine Frau Petra Fischer hat das Manuskript mit Blick auf korrekte Rechtschreibung, gute Lesbarkeit und stimmige Textanschlüsse sorgfältig gelesen. Dafür danke ich ihr von Herzen.

Günter Spurgat